KB189172

미네소타주립대학
서양철학
강의

미네소타주립대학

서양철학
강의

생각의 근육을 키우는 서양철학 첫걸음 24강

홍창성 지음

불광출판사

평생 철학을 연구하며 흥에 겨워 가르쳐 온 내 서양철학개론 강의 내용을 한국의 교양인들과 나눌 기회를 맞게 되어 반갑고 기쁘다. 한국에서 나고 자랐지만 뜻밖의 인연으로 미국에서 서양철학을 가르치게 되었는데, 한두 해를 더하다 보니 어느덧 26년이 되었다. 그동안 수천 명의 미국 학생들에게 이 과목을 가르쳐 오면서 마음 한구석에는 언제나 그 내용을 한국의 독자들께 소개하고 싶은 희망이 있었다.

서양철학개론 강의는 주로 역사상 중요한 철학자들의 주장을 시대별로 소개하며 진행하는 경우가 많다. 철학도 여느 것과 마찬가지로 무無에서 나오지 않고, 그 이전 철학을 배경으로 진화하기 때문에 이런 접근법은 철학을 역사적 맥락에서 이해시켜 준다는 장점이 있다. 그러나 이런 철학사 강의를 들은 학생들은 학기가 끝나면 몇몇 철학자의 이름만 기억할 뿐 철학의 주된 주제들을 스스로 잘 설명하지 못하는 경우가 많다. 그래서 나는 철학의 중요한 주제들을 중심으로 강의를 진행해야 철학의 문제들에 대한 학생들의 이해가 깊어지게 된다고 생각해 왔다.

　내 강의는 서양철학에서 중요한 다섯 주제를 골라 각 주제와 관련해 역사상 중요했던 다양한 철학 이론을 소개하는 구조로 되어 있다. 나는 이런 시도를 통해 (1) 철학의 주요 논점을 소개하는 주제별 접근법과 (2) 특정 주제가 역사적으로 어떤 과정을 거치며 발전되어 왔는가를 보여 주는 역사적 접근법을 통합시켜 보려 했다. 학생들은 철학의 주요 주제에 관한 역사상의 열띤 논쟁을 검토하게 되며, 나아가 스스로 그 주제에 대한 자신의 의견을 형성하도록 훈련받는다. 내 강의를 구성하는 다섯 주제와 그 내용은 다음과 같다.

　첫째 주제는 '삶'이다. 우리가 철학에 관심을 갖는 계기가 주로 좋은 삶에 대한 추구라는 점을 고려해 윤리학을 강의의 첫 부분으로 선택했다. 행복한 삶에 관한 아리스토텔레스의 논의, 이성理性의 원리를 따라야 도덕적 삶이 가능하다는 스피노자, 그리고 그 반대로 도덕은 인간의 감정에 근원을 둔다는 흄의 견해를 소개한다. 올바른 행위를 위해 조건 없이 따라야 하는 도덕명령을 주장하는 칸트와 최대 다수의 최고 행복을 성취하도록 행위해야 한다는 밀의 논의로 도덕철학 부분을 마무리한다.

다음은 '앎'의 문제를 다룬다. 앎 또는 지식이 무엇인가에 대한 분석적 논의를 시작으로 선천적 지식의 존재를 주장한 플라톤과 지식의 제1원리를 발견하려 한 데카르트의 철학을 검토한다. 이와는 대조적으로 선천적 지식의 존재를 부정한 영국 경험론의 논의를 살펴본 후, 합리론과 경험론을 종합하여 근대철학을 완성했다는 평을 받는 칸트의 인식론(지식론)을 소개한다. 칸트의 인식론은 그의 형이상학과 분리되어 설명될 수 없기 때문에 제10강과 11강은 그의 인식론과 형이상학을 동시에 소개한다.

셋째 주제는 '있음'이다. 존재의 문제를 다루는 형이상학은 대상 세계 전체를 포괄적으로 이해하는 가장 일반적인 개념 체계를 연구한다. 우리 세계의 사물은 실재하는 것의 그림자에 불과하다는 플라톤의 주장과 독립적인 존재로서의 실체와 사물의 본질의 개념을 논한 데카르트의 이론을 소개한다. 그리고 1차 성질과 2차 성질을 나누며 존재에 대한 이해를 깊게 한 로크와 우리 세계가 단지 마음속에 존재하는 관념들의 세계일뿐이라고 주장한 버클리의 논의를 검토한다. 한편 이 모든 논의를 종합했다고 평가받는 칸트의 견해는 제10강과 11강에서 미리 소개했다.

넷째 주제는 '마음'이다. 먼저 마음이 역사상 얼마나 다르게 이해되어 왔는가를 설명한 다음, 몸과 마음의 관계에 대한 다양한 논의를 살펴본다. 몸과 마음은 각각 다른 존재인가? 그렇다면 몸과 마음은 어떻게 연결되어 서로 작용을 주고받는가? 다른 사람들도 나와 마찬가지로 마음을 가지고 있을까? 물질과는 다른 마음의 특징은 무엇인가? 몸의 움직임을 통해 마음을 이해할 수 있는가? 이런 질문에 답하기 위해 플라톤, 데카르트, 밀, 브렌타노, 그리고 라일의 주장을 검토한다.

마지막 다섯째 주제는 '과학'이다. 철학과 과학이 고대로부터 얼마나 밀접한 관계에 있었던가를 살펴보며 근대에 이르러 확립된 베이컨의 귀납법을 소개한다. 그 다음에는 과학의 연구방법론으로서의 귀납법과 인과 법칙에 관한 흄의 근본적인 회의론을 논의한다. 칸트와 밀이 이 회의론에 대항하여 과학의 합리성을 회복하려 시도했으나 성공하지 못했음도 밝힌다. 20세기에 이르러 포퍼가 그의 과학철학으로 회복시켜 놓으려 한 과학의 합리성이 과학 지식의 객관적 성장에 관한 쿤의 회의론에 의해 다시금 도전받고 있음도 설명한다.

이 책의 출판을 기꺼이 허락하시고 책의 완성을 위해 다방면으로 도움 주신 불광미디어 임직원 여러분의 노고에 감사드린다. 여러 달에 걸쳐 24개의 강의 원고를 읽고 코멘트와 격려의 말씀을 해 주신 김성철·김영진·박수현·임승택 교수들께도 감사의 말씀을 올린다. 그리고 언제나 마찬가지로 원고 전체를 한 줄 한 줄 철저히 검토해 준 유선경 교수께 특별한 감사를 전한다.

2024년 9월 미국 미네소타에서
홍창성

차 례

강의에 들어가며 ································· 005

삶   도덕철학

제1강.   철학이란 무엇인가 ················· 015
제2강.   행복한 삶 ··························· 024
제3강.   삶과 도, 그리고 정 ··············· 033
제4강.   도덕의 명령과 삶 ················· 042
제5강.   최대 다수가 최고로 행복한 삶 ······ 051

앎   인식론

제6강.   앎이란 무엇인가 ················· 063
제7강.   선천적 지식 ····················· 072
제8강.   지식의 제1원리 ················· 081
제9강.   경험과 지식 ····················· 090
제10강.   이성과 경험의 화합 1 ··········· 098
제11강.   이성과 경험의 화합 2 ··········· 107

존재　형이상학

제12강.　실재와 그림자 ······················ 121
제13강.　실체와 본질 ························· 130
제14강.　성질의 종류 ························· 138
제15강.　현상의 세계 ························· 146

마음　심리철학

제16강.　마음의 여정 ························· 159
제17강.　몸과 마음은 하나인가, 둘인가 ············ 168
제18강.　몸과 마음, 그리고 다른 사람의 마음 ······ 177
제19강.　마음의 특징과 몸의 움직임 ·············· 187

과학　과학철학

제20강.　과학과 철학 ························· 201
제21강.　과학의 비합리성 ····················· 212
제22강.　과학의 합리성 ······················· 222
제23강.　추측과 반박 ························· 231
제24강.　과학 혁명 ·························· 240

강의를 마치며 ····························· 250

삮 ————————————————

도덕철학

제1강
철학이란 무엇인가

철학개론 강의 첫 시간에 교수가 학생들에게 건네는 첫 마디는 주로 '철학이란 무엇인가?'라는, 어디선가 많이 들어본 질문이다. 철학이란 무엇일까? 철학은 가장 오래된 학문으로 대학 안에 존재하는 모든 분과가 지난 400년 동안 철학으로부터 분리되어 나왔다. 경제학이나 수학 또는 물리학 전공 교수가 가진 박사학위를 'Ph.D.'로 표현하는데, 이것은 'Doctor of Philosophy'의 줄임말로서 원래 '철학박사'라는 뜻이다. 그들의 학문이 독립된 연구 분야로 확립되기까지는 철학의 일부였기 때문에 그 분야의 최종 학위가 아직도 '철학박사'로 불리는 것이다. 그런데 모든 학문의 뿌리라는 철학이 과연 무엇인지 질문하면 적당한 답변을 찾기 어렵다.

강의에 들어온 학생들에게 첫 질문부터 말문을 막아 좀 미안하지만, 철학을 제대로 소개하려면 이런 미안한 논의를 계속하게 된다. 그래야 학생들이 생각하는 힘을 길러 줄 수 있기 때문이다. 철학이 무엇인지 제대로 답하지도 못하면서, 그래도 철학을 배우겠다는 학생들에게 나는 또 딜레마를 던진다.

여러분이 철학을 안다면 이미 아는 것을 배울 필요가 없을 테니 이 강의실에 앉아 있을 이유가 없다. 그런데 여러분이 철학을 모른다면, 어떻게 무엇인지도 모르는 것을 찾아 배울 수 있겠는가? 혹시 운 좋게 철학과 마주치더라도, 마주친 것이 철학이라고 어떻게 알아볼 수 있겠는가? 철학을 안다면 배울 이유가 없고, 철학을 모른다면 찾아서 배울 수 없다. 따라서 철학 공부는 불가능하다. 그러므로 여러분은 지금 여기에서 비싼 등록금과 시간을 낭비하고 있다.

학생들은 즐기자고 한 이야기인 줄 알고 함께 웃으면서도 내심 곤혹스러워한다. 이 이야기는 원래 고대 그리스의 소피스트(궤변론자) 가운데 한 사람이었던 고르기아스Gorgias가 제시한 딜레마를 내가 다소 변형해 본 것이다. 이 책의 둘째 주제인 앎의 문제(인식론)를 논의할 때 가능한 답변을 살펴보기로 하겠다.

'철학이란 무엇인가'라는 물음은 학생들에게만 어려운 질문이 아니다. 호주의 저명한 철학자 데이비드 암스트롱 David M. Armstrong으로부터 직접 들은 일화가 있다. 20세기 중반까지 세계적으로 명성을 떨친 영국의 철학자 버트런드 러셀Bertrand Russell은 평생 케임브리지대학에서 연구하고 가르쳤다. 그에게는 케임브리지에서 런던으로 가야 할 일이 있을 때마다 기차역까지 이동하느라고 부르던 택시 운전사가 있었다. 러셀 교수를 위해 수십 년 동안 운전을 해 주던 그가 어느 날 용기를 내어 질문했다.

　교수님, 철학이란 무엇입니까?

　이 운전사가 나중에 사람들에게 전하기를,

　아 글쎄 러셀 교수가 묵묵부답이더라고. 그 유명한 철학자가 철학이 무엇인지 모르더라고!

　러셀은 철학이 보는 관점에 따라 달리 이해되고 또 우리가 쓰는 언어의 맥락에 따라 그 뜻이 달라져 한마디로 정의할 수 없기 때문에 답변하지 않았을 것이다. 어떤 답변도 만족스럽지 못해 언제나 반박의 여지를 남긴다. 그래서 철학을 정의하기 위해서는 또 다른 철학이 필요하다는 소리까지 나오게 된 것이다.

답변이 어려운 질문은 철학에만 국한되지 않는다. 어떤 단어나 개념도 엄밀하게 정의하려면 그 일이 참 어렵다고 깨닫게 된다. 빨강은 무엇인가? 노랑은 또 무엇인가? 하늘은 무엇인가, 의자란, 사랑은, 인생은, 죽음은 등 어느 하나 만만한 질문이 없다. 답변이 불가능한 것 같은 질문은 실은 묻지 말아야 하는 잘못된 질문이거나, 아니면 묻는 방식에 문제가 있기 때문일 수도 있다. 이런 질문이 계속되면 듣는 사람의 인내심이 곧 바닥을 보이게 되는데, '교수'는 그 전에 이런 곤란한 질문을 멈추고 그래도 답변이 가능한 방식을 조금씩 보여 주기 시작해야 한다.

'철학이란 무엇인가'라는 질문도 심호흡 몇 번 하면서 일단 '철학'이라는 말의 뜻부터 차근차근 풀어 가다 보면 길이 보이게 된다. '철학'이라는 말은 고대 그리스어의 어원을 그대로 간직한 영어 단어 'philosophy'를 분석해 보면 그 원래의 의미를 헤아릴 수 있다. 'philosophy'는 'philein', 즉 '사랑하다'와 'sophos', 즉 '지혜'를 결합하여 만든 말로서 '지혜에 대한 사랑'이라는 뜻이다. 철학자는 지혜를 사랑하고 탐구하는 사람이다. 그런데 '지혜에 대한 사랑'은 듣기 좋은 근사한 말이지만, 먼저 지혜가 무엇인지를 알아야 지혜를 사랑할 수 있다는 문제가 있다. 지혜란 무엇인가? 우리는 또 하나의 어려운 질문에 직면하게 되었다.

앞에서도 살펴보았듯이 이런 질문은 쉽게 답할 수 없다. 이럴 때 좋은 방법 하나가 그것과 유사한 개념을 가져와 그 둘을 비교·대조하면서 각각의 뜻을 더 선명히 드러내 보는 것이다. 우리는 지혜가 종종 지식과 대비되곤 한다는 점을 알고 있다. 지혜와 지식은 그 의미가 가까우면서도 다르기 때문이다. 그래서 나는 학생들에게 질문해 본다. 이 둘은 서로 어떻게 다른가?

누군가가 지식이 충만하다고 해서 반드시 지혜롭지는 않습니다. 책을 읽어 습득한 정보가 지식이 될 수는 있어도 그 지식을 잘 활용할 수 있어야만 지혜롭기 때문입니다.

학생들은 언제나 지혜가 실천과 긴밀히 연관되어 있다는 점을 지적한다. 어떤 이가 역사 교과서를 열심히 읽고 외워서 역사 시험을 잘 치른다고 하더라도 그 지식을 자신의 삶과 사회생활에 적용해 활용하지 못한다면 역사적 지식은 있지만 지혜를 갖추지는 못했다고 봐야 옳다. 수학적 지식도 마찬가지다. 수학 문제는 잘 풀지만 그 지식을 자신과 타인의 삶을 위해 잘 사용하지 못한다면 그가 지혜로운 사람까지는 아닐 것이다. 지식을 삶에 올바르고 좋은 방향으로 적용할 수 있으려면 오랜 시간 동안 축적된 경험이 필요하다. 젊은 사람도 똑똑하고 아는 것이 많을 수 있지만 지혜로운 말씀은 연륜 있는 분으로부터 더 많이 나오기 마련이다.

지혜란 우리 삶에 있어서의 실천과 관련되어 있고, 이러한 지혜에 대한 사랑으로서의 철학은 더 좋고 옳은 삶에 대한 사랑이라는 뜻을 포함하고 있다. 그러한 삶에 대한 논의인 윤리학 또는 도덕철학이 철학의 주요 분야 가운데 하나이고, 또 우리 강의의 첫 번째 주제다. 우리는 이 강의에서 삶의 목적이 무엇이고, 좋은 삶을 살기 위해 어떻게 생각하고 느끼고 행위해야 하는가를 논의할 것이다.

그런데 전통적으로 우리는 '지혜'라는 말에 좀 더 추상적이고 심오한(?) 의미도 부여해 왔다는 점을 간과해서는 안 되겠다. 우리 삶에 직접적으로 연관되지는 않더라도 존재 세계의 원리를 꿰뚫는 심오한 통찰과 예리한 비판적 사고思考도 지혜의 영역으로 간주해 왔기 때문이다.

서양철학이 기원한 고대 그리스에서 처음으로 철학적 사고를 진행한 사람들은 기원전 6세기경의 '자연철학자들'이었다. 그들의 주된 관심사는 자연 세계를 관통하는 원리를 찾아내는 일이었다. '만물의 근원이 물'이라고 주장한 탈레스는 자연 세계 전체를 구성하는 물질적 기원과 원리를 물에서 찾았다. 그 근원을 불이라고 본 헤라클레이토스는 불의 속성이 자연 세계 전체의 작동 원리, 즉 '끊임없는 변화'의 진리를 보여 준다고 주장했다. 만물의 구성과 변화 과정을 지地·수水·화火·풍風의 네 원소와 그 속성들로 설명한 철학자도 있었고, 근대 이후 물리학의 주장을 연상시키듯이 우주가 더 이상 분리될 수 없는 작은 원자(atom)들로 이루어졌다고 본 철학자도 있었다.

위의 철학자들은 자연 세계에 대한 단편적인 지식의 습득을 추구하지 않고, 모든 것을 관통하는 근본적인 원리를 찾아내어 그것으로 자연 세계 전체를 통찰하려고 애썼다. 이런 작업이 철학적 작업이고, 그것은 단순히 지식의 습득이 아닌 지혜의 획득을 위한 작업이다. 철학자들은 지혜를 사랑하는 사람들이 맞다. 우리는 이 책의 뒷부분에서 있음(존재)의 문제와 과학의 성격을 논의하며 이러한 철학적 지혜를 상세히 살펴볼 것이다.

한편 철학은 역사상 언제나 비판적 작업을 수행하는 학문으로 여겨져 왔다. '비판적(critical)'이란 요즘 미국 초·중·고교에서 생각하듯이 단순히 '똑똑한(smart)'이라는 뜻이 아니다. 그렇다고 이 말이 한국에서 주로 쓰이는 대로 '반대하는' 또는 '비난하는'이란 뜻도 아니다. '비판批判'이란 원래 철학 용어로서 '어떤 주장이 참인 이유와 근거를 따짐'이라는 의미를 가지고 있다. 대중 매체와 SNS를 통해 엉터리 광고와 가짜 뉴스가 넘쳐나고 다른 사람들의 말을 아무렇게나 쉽게 받아들이면 바보 되기 십상인 요즘 같은 때 필요한 태도이기도 하다.

　누구나 한 번쯤은 이름을 들어보았을 독일의 위대한 철학자 임마누엘 칸트Immanuel Kant의 명저 『순수이성비판』의 주제는 당시 최고의 학문으로 여겨지던 수학과 물리학의 주장들이 왜 그리고 어떻게 진리일 수 있는가에 대한 연구였다. 순수이성이란 자연 세계를 수학과 과학을 통해 연구하는 우리의 이론 이성 능력을 말한다. 칸트는 그 이론 이성이 어떻게 작동하기에 그것을 통해 이루어지는 수학과 물리학이 진리의 체계로 완성되는가를 논의했다. 이렇게 단지 어떤 주장이 진리인가, 아닌가를 분별하는 데서 더 나아가 그런 주장이 진리인 근본적인 이유를 파헤치는 작업이 비판 작업이다. 이러한 비판적 작업은 단순히 지식의 영역이 아닌 지혜의 영역으로 승화된다. 철학자들은 비판적 작업을, 즉 지혜를 사랑하는 사람들이다.

　지금까지 보았듯이 '철학이란 무엇인가'라는 질문에 딱 떨어지는 답변은 없다. 그러나 우리는 이 첫 강의에서의 논의를 통해 철학이 무엇일까에 대한 몇 가지 가능한 답변을 검토했다. 그 과정을 통해 이 질문을 더 잘 이해하게 되었고,

또 앞으로 우리가 논의할 주제들을 살짝 엿보기도 했다. 그러면 서양철학개론 첫 강의의 목적은 달성된 셈이다.

제2강
행복한 삶

무엇이 좋은 삶이고 또 어떻게 그런 삶을 살 수 있는가를 연구하는 철학의 분야가 윤리학(도덕철학)이다. 이 주제 첫 강의 시간에 나는 한 학생에게 질문한다.

> "자네는 왜 여기 앉아서 한국어 억양으로 말하는 교수의 강의를 듣고 있나?"
>
> "학점을 받아 졸업하기 위해서입니다."
>
> "왜 졸업하기 원하나?"
>
> "졸업장이 있어야 더 나은 직장을 구할 수 있기 때문입니다."
>
> "더 나은 직장은 왜 구하려 하나?"
>
> "월급을 많이 받기 위해서지요."

"월급을 더 많이 받아 뭐하려고?"

"그래야 학자금 융자도 갚고 집도 마련할 수 있기 때문입니다."

"집은 왜 갖고 싶나?"

"편안하게 살려면 집이 필요합니다."

"왜 편안해지려 하나?"

"그래야 행복하기 때문입니다."

"왜 행복해지려고 하나?"

"…?"

좀 오래된 서양 대중가요 가운데 어린아이가 '왜'를 반복하며 엄마와 재미있는 대화를 주고받는 노래가 있다. 그 가사 가운데는 심지어 '엄마, 나는 왜 오토바이를 못 먹나요?'라는 엉뚱한 질문조차 있다. 나는 어린아이가 꼬리에 꼬리를 물며 묻듯이 질문하고 학생들은 점점 더 흥에 겨워 주의를 기울인다. 이렇게 아이들처럼 계속 물으며 조금씩 더 근본적인 질문에 접근하는 작업이 바로 철학이다. 어린이들은 꼬마 철학자고, 한때 어린이였던 우리는 모두 인생에 한번은 철학자였다. 우리가 '왜 오토바이를 먹으면 안 되나요?'와 같은 어린이들의 근본적인(?) 질문에 답변이 궁해지듯이, 이어지는 철학적 질문 몇 번만으로도 우리는 말문이 막혀 버

리기 일쑤다. 앞에서의 마지막 질문 '왜 행복해지려 하나?'에
는 딱히 좋은 답변이 없어 보인다. 왜 그럴까?

　강의실에 앉아 있는 것뿐 아니라 밥 먹기, 출근하기, 친
구와 대화하기, 규칙적인 운동, 쇼핑 등 인간의 모든 행위
에 대해 '왜'라는 질문과 답변을 반복하다 보면 결국은 '왜
행복해지려고 하나?'와 '더 이상 답이 없다'는 대화로 귀결
된다. 기원전 4세기 고대 그리스의 철학자 아리스토텔레스
Aristoteles는 모든 행위는 궁극적으로 행복을 목표로 한다고
통찰했다. 우리의 모든 행위가 결국 행복을 향해 있으니까
그의 말이 이치에 맞아 보인다. 행복은 그 자체로 좋은 것이
어서 그것을 수단으로 삼아 달성할 더 상위의 목표가 존재
하지 않는다는 의미에서 '궁극'의 목표다. 그래서 '왜 행복해
지려 하나?'라는 물음에는 답이 있을 수 없고, 따라서 현명한
사람이라면 그런 질문을 하지 않는다.

　행복이 삶의 최종 목표라면 우리는 언제 어떻게 행복을
성취할 수 있을까? 아리스토텔레스는 인간이 그가 가진 잠
재력을 올바로 실현했을 때 행복하다고 한다. 스스로의 가능
성을 한껏 발휘하는 인생이 신나는 인생이라는 점에 수긍이
간다. 물론 나는 학생들에게 이 잠재력은 긍정적인 종류의
것이어야 하지, 예를 들어 연쇄살인범으로서의 잠재력 같은
것을 십분 실현한다고 해서 행복해질 일은 결코 없다고 하며

함께 웃기도 한다. 그런데 아리스토텔레스의 말대로 행복이 가능성의 실현으로 이루어진다면, 우리는 구체적으로 어떻게 살아야 잠재력을 더 잘 발휘할 수 있을까? 가능성을 현실로 만들어 주는 가장 좋은 방법은 무엇일까?

아리스토텔레스는 우리가 덕德(virtue) 있게 생각하고, 느끼고, 행위해야 잠재력을 잘 발현할 수 있다고 말한다. 이 주장에도 고개가 끄덕여진다. '정직'이라는 덕을 갖춘 이는 거짓말과 사기를 일삼는 자들보다 삶을 성공적으로 살아 행복을 성취할 확률이 높다. 근면한 사람은 게으른 자들보다 자신의 잠재력을 발휘할 기회를 더 많이 얻어 행복하게 되기 마련이다. 절제의 미덕은 방탕이나 사치보다 우리를 행복의 길로 이끈다. 이밖에도 우리가 덕으로 받아들이는 용기, 관대함, 친절 같은 것들이 삶을 올바른 방향으로 진행시켜 우리가 가진 가능성을 실현하며 행복을 성취하도록 이끈다는 점에는 의문의 여지가 없다.

그렇다면 이러한 덕은 어떻게 길러 나가며 유지할 수 있을까? '덕'이라고 번역되는 고대 그리스어 'arete'는 원래 '탁월함(excellence)'을 의미한다. 이것은, 예를 들어, 악기 연주자의 음악적 탁월함과 마찬가지로 오랜 세월에 걸친 부단한 연습으로만 얻을 수 있다. 악기를 연주해 본 사람이라면 알듯이 탁월한 음악적 연주 능력은 결코 하루아침에 완성되지 않는다. 귀에 거슬리지 않을 정도로 소리를 내는 데만도 여러 달이 걸리고, 청중 앞에서 연주하려면 재능이 있어도 여러 해 동안 많은 연습이 필요하다. 수십 년간 부단한 노력을 기울여 훌륭한 연주 능력이 심신에 깊게 배어야만 비로소 '탁월한' 연주자가 될 수 있다.

삶을 행복으로 이끄는 도덕적 탁월함, 즉 덕도 단기 속성 코스로는 결코 완성할 수 없다. 어떤 이가 한두 번 진실을 말했다고 해서 그가 정직한 사람이 되지는 않는다. 여러 해에 걸쳐 결코 거짓말을 하지 않아 정직하게 말하고 행동하는 습관(habit)이 몸에 배어 정직하게 사는 성향(disposition)을 지니게 되어야만 우리는 비로소 그가 정직의 덕을 갖추었다고 인정하게 된다. 누군가가 며칠 동안 식사량과 음주를 적절히 조절하더라도 그가 음식과 관련해 절제의 미덕을 가진 것은 아니다. 오랜 기간 동안 음식을 절제하는 실천을 통해 그렇게 하는 습관이 생기고, 그런 성향이 만들어져 지속되어야 절제의 미덕도 완성된다. 이와 같이 도덕적 덕은 오랜 기간 동안 부단한 실천을 통해 길러진 습관이 성향으로 굳어져 이루어진다. 남쪽에서 제비 한 마리가 날아왔다고 해서 여름이 오지는 않는다.

그런데 덕은 옳게 판단하고 실천하는 성향에만 국한되지 않는다. 덕은 경우에 맞게 적절히 느끼는 정서적 능력이

나 성향과도 연관되어 있다. 예를 들어, 길거리에서 마주친 어린아이가 다쳐서 피를 흘리고 있다면 동정심이 일어나 도와주고 싶은 감정과 정서를 함양해야 덕 있는 사람이다. 이런 감정조차 일어나지 않는 사람에게 덕을 기대할 수는 없다. 자신의 나라를 침략한 자들의 수탈과 만행에 분노하지 않는다면 이 또한 덕과는 거리가 먼 사람이라 하겠다. 우리는 올바르게 판단하고 행동하는 성향을 길러야 하지만, 때와 장소에 맞게 적절하게 느끼고, 올바르게 원하는 능력과 성향도 심신에 배어들도록 해야 한다. 그래야 우리 안에 도덕적 덕이 자리 잡을 수 있다.

그렇다면 과연 어떻게 느끼고, 생각하고, 행동해 나가야 이런 덕을 갖출 수 있을까? 그 구체적 방법으로 아리스토텔레스는 '중용中庸의 원리'를 제시한다. 그는 무엇이든지 지나치거나 모자람을 피하여 그것들 사이에서 중도中道를 택하면 덕의 길을 걷게 된다고 보았다. 어떤 병사가 전장에서 적과 마주친 경우 어떻게 싸워야 '용기' 있는 군인이 될 수 있는지를 살펴보자. 이 병사 쪽 군인이 모두 10명인데 적군은 2명에 불과하다고 가정해 보자. 이 경우 충분히 승산이 있는데도 불구하고 이 병사가 싸우지 않고 대열을 이탈해 도주한다면 그는 '겁'이라는 악덕을 가진 겁쟁이로 낙인찍힐 것이다. 그 반대로 적군이 수백 명에 이르는데도 10여 명에 불과한 이 병사와 전우들이 그들에게 무모하게 덤벼든다면 이것은 '만용蠻勇'이라는 악덕을 범하게 된다. 이와는 대조적으로 적군과 아군의 수가 비슷한 상황에서 기꺼이 전투에 임한다면 이것이야말로 양극단의 악덕을 피해 중도를 택하며 '용기'라는 덕을 발휘하는 경우다.

이밖에도 많은 예를 더 들 수 있다. 자신의 수입에 따라 매년 적지 않게, 또 많지도 않게 적절한 액수를 어려운 사람들을 위해 기부해야 '관대한 또는 인심이 후한(generous)' 사람이 될 수 있다. 다른 이들에게 아첨하지 않지만 그렇다고 냉정하고 무뚝뚝하게 대하지도 않아 그 중도의 길을 택해야 '친절'의 덕을 갖추게 된다. 이것이 아리스토텔레스의 중용의 원리다. 그는 오랜 기간 동안 지속적으로 이 원리에 따라 판단하고, 느끼고, 행동하다 보면 자연스레 그런 습관이 들게 되어 덕스러운 성향으로 굳어진다고 보았다. 불교와 유교도 이와 유사한 견해를 가지고 있다. 동서양의 위대한 철학이 공통된 의견을 보이는 것을 보면 이런 중도의 가르침에 깊은 지혜가 깃들어 있음이 분명한 듯하다.

아리스토텔레스의 중용의 원리와 관련하여 주의할 점이 있다. 그의 중도란 산술적 평균을 의미하지 않는다. 예를 들어, 30명의 운동선수가 함께 식사할 때 가장 많이 먹는 선수는 하루에 밥을 열 공기 먹고, 가장 적게 먹는 선수는 두 공기만 먹는다고 가정해 보자. 이때 두 극단의 경우를 피해 중도를 찾겠다고 $(10+2) \div 2=6$이라며 모두가 하루에 6공기의 밥을 먹어야 중도라고 믿는다면 오해다. 아리스토텔레스 스스로 지적했듯이 각 운동선수의 체격과 훈련 단계 그리고 그날 주어진 운동량에 따라 섭취하는 음식물의 양을 적절히 조절해야 한다. 최고의 부자인 빌 게이츠가 매년 자선 단체에 1억 달러를 기부하고 그 정반대편의 구두쇠는 한 푼도 내지 않으니 보통 사람들은 그 중간인 5천만 달러를 기부해야 중도의 덕이라고 주장한다면 이치에 전혀 맞지 않다.

중도란 지나침과 모자람의 극단을 피해 찾아내는 '가장 적절한 지점'이다. 그런데 경우마다 다를 그 가장 적절한 곳을 어떻게 찾을 수 있는가? 중도는 산술적 평균이 아니어서 산수로 풀 수 있는 문제는 아니다. 아리스토텔레스는 이에 대해 '신중한(prudent) 사람의 판단'에 맡기면 된다면서 의외로 낙관적 입장을 취한다. 신중함이나 현명함을 가늠해 주는 객관적 기준을 찾기 어려운데도 말이다. 하지만 나는 아리스토텔레스가 옳은 것 같다. 우리는 지금까지 경험이 풍부하고, 품성이 안정된 학식 있는 분들의 신중한 판단이 그렇지 못한 사람들의 판단보다 아리스토텔레스가 주장하는 중도에 훨씬 가깝다는 사실을 많이 목도해 왔다. 중도를 찾는 수학 공식은 존재하지 않지만 우리 사회의 현자들이 우리가 따라야 할 중용의 길을 보여 줄 수 있다.

　우리는 중용의 길을 걸으며 바른 습관을 통해 올바른 성향을 길러 덕을 갖추고, 그 덕을 발휘함으로써 잠재력을 효율적으로 실현해 행복한 삶을 살 수 있다. 이것은 전형적인 서구적 사고방식이고, 나름 전 세계적으로 많이 받아들여진 도덕 이론이다. 그렇지만 나는 동양의 불교는 이러한 도덕철학조차도 '행복에의 집착'을 초래해 우리에게 고뇌를 가져올 수 있다고 본다는 점을 학생들에게 살짝 알려 준다. 행복을 위해 스스로의 가능성 발휘에 집착하다가 '내 사촌은 성공해서 행복한데 나는 그렇지 못하다. 나는 참 불행하다.'라며 고통스러워할 수도 있지 않을까? 불교는 행복에의 열망조차도 내려놓을 수 있어야 한다며 집착으로부터 철저히 자유로운 삶을 이상적으로 본다. 학생들은 서양철학개론 시간에 자신들의 한국인 교수가 종종 동양의 지혜를 나눠 주면 좋아하며 반긴다.

제3강
삶과 도道, 그리고 정情

여러분이 즐기는 음악이 저장된 MP3 파일과 그 파일을 통해 재생된 음악 소리, 그리고 그 음악의 바탕이 된 악보 사이에는 공통된 무엇인가가 있다. 그것이 무엇인가?

20세기 초반 오스트리아 출신의 영국 철학자 루드비히 비트겐슈타인Ludwig Wittgenstein이 사용한 예를 조금 바꾸어 학생들에게 질문해 본다. 삶의 문제를 다루는 윤리학과 그다지 관련이 없어 보이는 물음이다. 그러나 고대 그리스부터 오늘에 이르기까지 서양식 사고의 중요한 부분을 구성하는 스토아학파의 도덕철학을 이해하기 위해 이 질문을 곱씹어 볼 필요가 있다. 무엇이 공통되기에 악보와 그것을 연주한 소리, 그리고 그 소리가 저장된 컴퓨터 파일이 모두, 예를 들어, 베토벤의 〈월광소타나〉일까? 한두 학생이 조심스레 대답한다.

　　일종의 어떤 원리(principle) 같은 것을 공유하기 때문에 모두 〈월광소타나〉일 것입니다.

　　근사한 답변이다. 어려운 질문에 추상적인 원리를 끌어들여 멋지게 답하는 학생들이 고맙다. 비트겐슈타인이라면 이 셋이 구조적으로 동형적同形的(structurally isomorphic)이라고 표현할 것이다. 이 셋이 공유한 동일한 구조란, 달리 더 적절한 표현이 없기 때문에, '논리적(logical)' 구조다. 그들은 일종의 논리(logic)를 공유한다. 여기서 영어의 'logic'은 원래 그리스어인 '로고스logos'에서 유래했다.

　　로고스는 논리와 언어, 그리고 원리를 의미했다. 나아가 논리적 사고와 언어를 가능케 하고 세계의 원리를 파악하는 인간의 이성理性과도 연결되어 이해되었다. 스토아학파는 인간의 이성과 우주의 이성이 구조적으로 동일하다는 믿음을 가지고 있었다. 그들은 우주의 구조를 이해하고자 인간 이성의 구조를 먼저 알려 했고, 그러기 위해 이성의 작용이 가장 잘 드러난 논리학을 연구하고 발전시켰다.

그런데 인간 이성과 우주 이성의 구조적 동일성에 관한 확고한 신념의 근거는 무엇입니까? 이 둘이 동일하다고 믿을 만한 증거가 있습니까?

좋은 질문이다. '신념'을 말하고는 설득력 있는 논증으로 그것을 뒷받침하지 못한다면 그 신념은 좋은 철학의 출발점이 될 수 없다. 나는 예를 들며 구조적 동일성을 설명한다.

서양문명이 가진 중요한 장점 하나가 수학에 대한 사랑이다. '우주의 원리는 수학적'이라고 통찰했던 고대 그리스 피타고라스학파 이래 서양인들은 수학으로 세계를 이해하려는 노력을 그치지 않았다. 서구가 역사의 패권을 쥐기 시작한 계기가 17세기 영국의 아이작 뉴턴Isaac Newton에 의해 완성된 과학 혁명으로 보는 견해가 많은데, 뉴턴의 물리학책 제목이 『자연철학의 수학적 원리』인 점이 의미심장하다. 제목이 말해주듯이 뉴턴은 자연(우주)을 점성술이나 형이상학이 아니라 정교한 수학으로 접근하여 연구한다.

한번 상상해 보자, 영국 케임브리지의 작은 언덕 위 사과나무 아래에서 떨어지는 사과를 지켜보고 있었을 뉴턴의 모습을. 그는 그 사과의 낙하를 시나 그림으로 표현하지 않았다. 그 대신 인간이 가진 가장 정교한 개념적 도구인 수학으로 이해하려 했고, 그 수학을 바탕으로 우주 전체의 움직임을 성공적으로 설명했다. 수학은 눈에 보이지 않고, 손으로 만질 수도 없다. 인간이 이성의 작용을 통해 만든 추상적인 개념의 체계이기 때문이다. 이러한 수학이 우주 전체의 구조를 설명하는 데 성공적이다. 인간 이성과 우주 이성이 구조적으로 동일하지 않다면 어떻게 이런 성공이 가능하겠는가? 수학을 이용한 물리학의 성공은 스토아학파의 믿음이 충분히 설득력 있음을 입증한다.

우주에는 우주를 움직이는 로고스, 즉 원리 또는 법칙이 존재한다. 이 법칙은 좋든 싫든 우리에게 필연적으로 주어져 있다. 스토아학파의 사상을 잇는 17세기 네덜란드 철학자 스피노자Spinoza는 우리가 이런 거부할 수 없는 법칙에 순응하며 살아야 한다고 가르쳤다. 동양식으로 말하자면 자연의 도道에 따라 살며 평화롭게 마음을 다스리는 삶이 이상적이라는 견해였다. 우주의 법칙은 우리 이성의 법칙과 동일하기 때문에 우리는 이성에 의지해 이성의 판단을 믿고 이성적으로 행위해야 한다. 그래야 자연과 또 사람들과 조화롭게 잘 살 수 있다.

필연적 법칙에 순응해야 함을 보여주는 재미있는 이야기가 있다. 말 두 필이 끄는 마차의 한쪽에 개 한 마리가 끈에 묶여 있다. 주인은 이 마차를 타고 먼 곳으로 여행을 가려 한다. 그런데 이 개는 마차에 끌려가기가 싫다. 그렇다고 이 개가 말 두 필의 힘을 이길 수 없으니 마차가 가는 쪽으로 갈 수밖에 없다. 이때 개에게는 두 가지 선택지가 있다. 하나는 끌려가기를 거부하다가 결국 땅에 질질 끌려가는 것이고, 다른 하나는 마차가 움직이는 속도에 맞추어 걸으며 함께 여행하는 것이다. 이 이야기는 우리가 거부할 수 없는 법칙을 기꺼이 따르며 살아야 조화롭고 평화로운 삶이 가능하다는 교훈을 준다. 그리고 자연의 법칙과 동일한 법칙으로 작동하는 우리 이성의 판단을 믿고 의지하며 따라야 한다는 가르침이다.

스피노자에 따르면 연로한 가족의 죽음은 자연계의 인과 법칙에 의해 생겨난 결과다. 설혹 불의의 사고에 의한 죽음이더라도 이 또한 자연계 안에서 인과의 연쇄 작용에 의해 결정된 필연적 결과다. 그래서 그 죽음이 거부할 수 없는 법칙에 따라 생겼음을 성찰한다면 우리는 마음의 평화를 얻을 수 있다. 살아가며 겪는 수많은 종류의 어려움도 모두 동일한 태도로 접근하여 이해하고 받아들인다면 우리는 마음을 다스리며 평화로운 삶을 살 수 있을 것이다.

스토아학파와 스피노자는 이성과 대비되는 감성(pathos)을 철저히 억눌러야 한다고 생각했다. 감성은 이성의 적敵으로서 판단을 흐리게 하고 의지를 약하게 만들 뿐이어서 가능하면 모두 없애야 한다. 미국 공상과학 시리즈 〈스타 트랙

Star Trek〉에서 감성 없이 논리만으로 살아가는 외계인 벌칸 Vulcan이 스토아학파의 이상형이다. 감성에 대한 서양인들의 경계심은 'pathos'가 어원이 되어 생겨난 영어 단어 몇 개만 살펴보아도 미루어 짐작할 수 있다. 병리학(pathology), 병원체 (pathogen), 사이코패스psychopath, 소시오패스sociopath 등 좋은 것이 그다지 없다.

그러나 학생들이 종종 지적하듯이, 현대 심리학과 정신 의학은 대체로 감정을 전적으로 억누르는 스토아학파의 엄격한 금욕주의적 도덕관이 정신 건강에 좋지 않다고 조언한다. 과학적 연구 결과들은 우리가 감성의 존재를 인정하고 그것의 순기능을 활용하는 것이 더 건강하고, 또 현명한 방법이라고 보고한다. 사랑하는 이의 죽음이 가져온 슬픔을 외면할 것이 아니라 시간을 두고 적절히 애도하는 편이 낫고, 또 분노의 감정을 억누르기만 하기보다는 오히려 긍정적인 의지를 굳건히 해 주는 심리적 에너지로 전환해 사용하라고 조언하는 심리치료사도 있다. 감정을 적대시하여 제거하지 말고 잘 컨트롤해서 좋게 활용하라는 것이다.

한 걸음 더 나아가 우리의 도덕이 실은 이성이 아니라 오히려 감성을 바탕으로 성립된다고 주장한 철학자도 있었다. 18세기 스코틀랜드의 데이비드 흄David Hume은 이성은 감정의 노예에 불과해서 그 자체로는 무기력하여 아무런 행위도 창출하지 못한다고 보았다. 그는 우리가 먼저 어떤 희망이나 욕구 같은 감정을 가져야 그 욕구를 충족하기 위해 이성을 사용하기 시작한다고 말한다. 우리가 자연 법칙을 발견하려는 것도 그 법칙을 이용해 원하는 바를 이루기 위해서다. 이런 관점에서 보면 이성이 감정의 노예라는 흄의 말에 일리가 있다.

흄에 의하면 도덕은 자연스런 감정과 정서를 바탕으로 성립된다. 우리는 어떤 이가 염증이 생긴 발가락으로 고생하고 있을 때 그 옆을 지나가며 일부러 그 발가락을 밟지 않는다. 사람들은 그렇게 사악하지 않다. 어린아이들도 다른 아이가 다쳐 피를 흘리면 그 아이의 상처를 보살피려 한다. 어려운 처지에 있는 사람을 돕고 싶은 마음은 자연스럽고, 이렇게 자연스러운 인간의 선善한 감정이 도덕의 기원이다. 이런 선한 마음이 인류사회에 기여한다는 점에는 의문의 여지가 없다. 그렇다고 데이비드 흄이 인간을 전적으로 선하다고 보지는 않았다. 흄의 요점은 우리에게는 질투와 시기심, 그리고 적대감 같은 부정적인 감정도 있어서 그것을 경계해야 하지만 그 밖의 긍정적인 감정들로 도덕의 토대를 구성한다는 것이다.

자연스러운 선한 감정과 그와 연관된 덕목들은 우리 사회에 이미 굳건히 뿌리내려 있다. 절제의 미덕은 주로 그 덕을 갖춘 사람에게 이롭지만, 좋은 매너와 유머는 다른 이들과 어울려 즐겁고, 유쾌하게 살 수 있게 도와준다. 더 나아가 우리는 인류사회 전체에 대한 선한 감정으로 어려운 나라 사람들을 위해 기부하고, 또 봉사 활동에 나서기도 한다. 흄은 개인으로부터 지역사회 그리고 전 인류사회 차원에서의 도덕적 덕목들이 모두 자연스러운 선한 정서로부터 비롯되었다고 판단한다. 도덕은 차가운 이성이 아니라 따뜻한 감성으로부터 나온다.

그런데 한 강의에서 엄격한 스토아주의와 흄의 따뜻한 도덕철학을 모두 논의하면 어리둥절해하는 학생들이 있다. 스토아철학에 의하면 이성적으로만 살아야 하는데, 흄의 견해를 접하면 오히려 감성적인 삶이 모두를 위해 좋아 보이기도 한다. 이 둘 가운데 무엇이 옳은가? 서양인들은 대부분 이성에 방점을 찍어 냉철하게 판단하고, 합리적으로 행동해야 행복할 수 있다고 본다. 그러나 정情 많은 우리 한국인들은 자연스러운 감정과 정서에 바탕을 둔 흄의 도덕관에 더 매력을 느낄 것 같다. 이성에 따라 도道를 지키며 살 텐가, 아니면 따뜻한 정情으로 살 텐가?

학생들이 답을 시도하기 전에 나는 철학의 특성 가운데 하나를 강조한다. 철학적 문제들에는 어느 하나 딱 떨어지는 답이 없다. 철학에서 다루어 온 원인과 결과의 문제, 몸과 마음의 관계, 자아의 존재, 시간과 공간의 유한성과 무한성, 그리고 도덕의 토대 등은 수천 년 동안 철학자들이 논의했어도 합의된 내용이 거의 없다. 이번 강의에서 우리가 다룬 도덕철학의 문제, 즉 '도道를 택할 것인가, 아니면 정情을 택할 것인가'도 마찬가지다.

이렇게 가르치고 나서는 에세이 과제물에서 분명한 답이 없는 문제를 논의해야 하는 내 불쌍한(?) 학생들에게 그래도 포기하지 말라며 다음과 같이 덧붙인다.

철학적 문제에 정답이 없어서 어리둥절해하거나 당황할 수 있겠지만, 그렇다고 해서 그런 문제에 대한 더 좋은 논의가 없다는 것은 아니다. 정답은 없지만 상대적으로 더 좋은 답변은 있다. 어려운 문제를 더 깊이 통찰하고 더 선명히 이해해서, 더 잘 설명하며 더 좋은 논의를 전개하는 에세이는 A를 받을 것이다. 모두들 A를 받기 바란다.

제4강
도덕의 명령과 삶

우리가 도덕과 윤리에 관심을 기울이는 이유는 무엇보다도 좋은 삶을 살기 위해서다. 이 소중한 생生을 아무렇게나 살 수는 없다. 그럼 어떻게 살아야 좋게, 즉 선善하게 살 수 있을까? 아니, 그보다 먼저 그 자체로, 본질적으로 선한 것은 무엇일까? 그것이 무엇인가를 알아야 진정으로 선하게 살 수도 있을 것이다. 본질적으로 선한 것은 단지 다른 목적을 위한 수단으로 좋은 것과는 구별되어야 한다.

18세기 후반 독일 철학자 칸트는 오직 선의지(good will)만이 그 자체로 순수한 가치를 갖는다고 논했다. 지성, 재치, 건강, 만족, 행복 등은 우리에게 좋은 것들이지만 누군가가 그것을 소유했다고 해서 그가 반드시 도덕적으로 훌륭해지지는 않는다. 예를 들어 우리는 지성을 갖춘 사기꾼이 너무도 많다는 사실을, 또 폭력배 대다수는 건강이 흘러넘친다는 사실도 잘 알고 있다. 만족한 독재자와 행복한 폭군도 많지만, 그들은 결코 도덕과 윤리를 따르는 선한 자들이 아니다. 오직 순수한 마음으로 도덕적 의무를 준수하려는 선한 의지만이 본질적으로 선하다.

선한 마음, 선한 의지를 가진 사람만이 도덕적으로 칭송받을 수 있다는 칸트의 주장은 이치에 맞아 보인다. 그런데 그의 견해가 우리의 상식과 반드시 일치하지 않는 부분도 있다. 태어나기를 이웃에 대한 사랑이 넘치고 또 낯선 이들에게 친절한 사람이 있다. 어려운 이들을 돕길 좋아해 기부와 자원봉사를 기뻐하는 사람들도 많다. 이들은 별다른 노력이나 의무감 없이 그저 타고난 성정이 그래서 다른 이들에게 이로움을 베푸는데, 칸트에 의하면 이들은 도덕적으로는 훌륭할 것이 없다. 그렇게 태어나서 그렇게 사는 것이 도덕적으로 칭송받을 일은 아니기 때문이다.

이와는 대조적으로, 고단한 삶에 지쳐 심신에 여유가 없음에도 불구하고 이웃에게 친절하며 어려운 사람들을 돕고 봉사해야 하는 것은 도덕적 의무다. 그런 의무를 단지 그것이 의무이기 때문에 수행하려는 순수한 의지(선의지)를 가져야 그 사람이 비로소 도덕적으로 훌륭하다고 볼 수 있다. 칸트에 의하면 뜨거운 가슴에서 나오는 이웃에 대한 사랑은 단지 병적인(pathological) 사랑일 뿐, 도덕의 덕목과는 상관없다. 넘치는 감정으로서의 사랑이 아니라 도덕적 의무로서의 사랑만이 진정한 가치를 가진 사랑이다. 이웃뿐 아니라 자신의 생명을 보존하고 스스로의 행복을 도모하는 것도 도덕적 의무다. 힘들다고 자신을 돌보지 않고 심지어 자살까지 시도하는 것은 그런 의무를 저버리는 행위다.

그렇다면 이런 선의지로 수행해야 하는 의무란 무엇인가? 칸트는 그것을 '법칙에 대한 존경심으로부터 행하려는 필연성'이라고 정의한다. 일견 무슨 뜻인지 헤아리기 어렵다. 독일 사람들조차도 칸트의 문장이 난해하다고 불평하는데, 모든 위대한 철학자가 반드시 그들의 생각을 명료하게 표현하고, 깨끗이 전달하는 능력을 가진 것은 아닌가 보다. 칸트는 이어서 '객관적으로는 법칙이, 그리고 주관적으로는 이런 도덕 법칙에 대한 순수한 존경심이 의무를 수행할 의지를 결정한다'고 말한다. 이것은 또 무슨 소리인가? 이쯤 되면 내 미국 학생들은 철학자들의 난해한 어법에 지치기 시작한다. 나는 '그래서 나 같은 사람이 월급 받으면서 그런 어려운 이야기를 쉽게 풀어주는 것 아니겠는가?'라며 학생들을 다독인다.

나는 가능하면 쉬운 예를 통해 요점을 설명하려 한다.

칸트가 생존했던 당시 독일은 기독교의 영향력이 지대했고, 또 군국주의적 성향을 띤 정부의 권위도 막강했다. 성서에 나오는 윤리와 오랫동안 사회적으로 합의되어 온 도덕 체계가 굳건히 자리 잡고 있었다. 말하자면, 도덕 법칙은 이미 객관적으로 존재하고 있었다. 이것이 앞에서 인용한 칸트의 문장에서 '객관적으로는 법칙이'라는 말의 의미로 받아들이면 되겠다. 그렇다면 '주관적으로는 이런 도덕 법칙에 대한 순수한 존경심'이라는 말은 무슨 뜻일까? 이것은 '나의 어떤 성향이나 이해관계와는 상관없이 우러나오는 순수한 존경심'이라는 의미인데, 나는 학생들의 이해를 돕기 위해 조금은 황당한 시나리오를 제시하며 함께 웃는다.

지금 누군가가 우리 강의실 문을 열고 들어오고 있다고 상상해 보자. 그런데 그는 다름 아닌 예수(또는 모하메드나 붓다)다! 그는 아무 말도 없이 여러분을 바라보며 잔잔한 미소를 짓는다. 그러고는 서서히 몸을 돌려 강의실을 나가려 한다. 말없이 나가는 그를 여러분은 따라가겠는가, 않겠는가?

학생들은 모두 그를 따르겠다며 고개를 끄덕인다. 비록 그가 아무 말도 하지 않더라도 단지 그가 우리 앞에 존재하기만 한다면 우리는 자연스럽게 순수한 존경심이 차올라 그를 따르려 하게 될 것이다. 칸트의 '주관적으로는 도덕 법칙에 대한 순수한 존경심'은 이와 같이 이해하면 된다. 예수에 대해서만큼은 아니었겠지만 엄격한 성품의 독일인들이 당시 존재하던 도덕 법칙에 대해 가졌을 '순수한 존경심'은 어느 정도 이해가 간다.

그런데 어떤 종류의 법칙이 반드시 준수해야 하는 도덕 법칙인가? 이런 법칙은 과연 어떤 원리를 충족하기에 필연적인 도덕 법칙으로 자리 잡을 수 있는가? 칸트는 우리가 중고등학교에서도 들어 보았던 그 유명한 '정언명령定言命令(categorical imperative)'으로 이 질문에 답한다. 그에 의하면 정언명령의 취지와 기준에 맞는 법칙이어야 도덕 법칙이다. 그런데 칸트의 철학은 용어 이해에 준비가 많이 필요하다. '명령'은 따라야 할 것이라는 뜻으로 이해하면 된다. 그런데 듣기에도 생소한 '정언적(categorical)'이란 말은 논리학의 용어로서 '가언적假言的(hypothetical)'이란 말과 대비되는 개념이다. '만약(if) 편안한 노후생활을 원한다면 젊을 때부터 꾸준히 저축하라!'와 같은 조건부 명령(conditional imperative)은 가언명령(hypothetical imperative)인 셈이다. 칸트는 어떤 가정 또는 조건도 달지 말고 무조건적으로 따라야 할 명령을 '정언명령'이라고 부른다. 한 마디로 '무조건 수행해야 하는 명령'이다.

칸트가 제시한 첫 번째 정언명령은 '당신 의지의 준칙이 항상 동시에 보편적 법칙이 될 수 있도록 행위하라'이다. 이 것이 철학자 대부분이 받아들이는 도덕 법칙의 '보편화 가능성 원리'로서 어떤 법칙이 도덕 법칙일 수 있으려면 반드시 보편화가 가능해야 한다는 통찰이다. 예를 들어 '당신에게 유리하다면 약속을 깨라'는 명령은 결코 도덕 법칙이 될 수 없다. 모두가 편리할 때마다 약속을 어긴다면 아무도 약속을 믿지 않게 될 것이고, 그러면 '약속'이라는 시스템 자체가 붕괴할 것이기 때문이다. 합리적인 사람이라면 이렇게 보편화가 불가능한 명령을 도덕명령으로 받아들이지 않는다. '죽고 싶은 충동이 생기면 기꺼이 자살해라'도 마찬가지다. 살다 보면 고통과 시련으로 삶을 포기하고 싶을 때가 있을 수 있는데, 그때마다 모두 자살한다면 인류는 몇 세대 안에 멸종하고 말 것이다. 이 또한 보편화가 불가능해서 도덕 법칙으로 승화될 수 없다. 이와는 대조적으로 '정직하라', '자비로워라', '어려움에 처한 사람을 도우라', '신의를 지키라' 등은 모두 보편화 가능한 도덕 법칙들이다.

그런데 칸트의 보편화 가능성 원리는 도덕 법칙이 충족해야 할 필요조건을 제시하지만, 충분조건까지 만족시켜 주지는 못한다. 보편화 가능성 원리를 충족하지만 도덕 법칙이 아닌 것들이 있기 때문이다. 예를 들어서 '자동차는 반드시 길의 왼편으로 운전하라'는 규칙은 원칙적으로 보편화 가능하지만 이것이 도덕 법칙은 아니다. 영국뿐 아니라 한국이나 미국도 운전자들이 길의 왼편으로 운전하도록 도로교통법을 바꿀 수 있지만 이것은 도덕과 관련이 없다. '길을 걸을 때는 왼발부터 내딛어라'도 마찬가지다. 어떤 법칙이 도덕 법칙일 수 있으려면 그것이 보편화 가능하다는 형식적 요건만 갖추어서는 안 되고 그것에 추가로 도덕적 내용이 포함되어야 한다.

그 내용이 무엇인가를 말해 주는 것이 두 번째 정언명령이다. 이 명령을 살펴보기 위해서는 먼저 칸트가 제시하는 '인격체(person)'의 개념을 이해할 필요가 있다. 칸트에 의하면 인격체란 '합리적이고, 스스로 결정하며, 자율적이고, 자유의지를 가진' 행위자이다. 요즘은 '합리적(rational)'이라는 말이 엉뚱하게 마치 '계산적'이라는 부정적인 의미로 쓰이기도 하지만, 이 말은 원래 '이성理性과 이성을 따르는 사고와 행위'와 관련된 형용사다. 모든 생명체 가운데 인간만이 이성을 가지고, 언어를 통해 사고하며, 스스로의 행동을 제어할 수 있다. 인간만이 인격체일 수 있는 이유다. 그리고 '인격체'는 원래 '도덕적 및 법적으로 책임질 수 있는 개인'을 의미했는데, 자신의 행위를 자유의지로 결정하기 때문에 그런 책임을 물을 수도 있다. 또한 인격체는 스스로의 행위 원칙을 자신이 정하고 스스로 따르는 자율성을 갖는다. 이토록 가치를 따질 수 없는 훌륭한 특성을 지닌 인격체는 마땅히 그 자체로 존경받아야 한다. 다른 무엇을 위해 쓸모 있어서가 아니라 그런 훌륭함 자체로 존경의 대상이다.

그래서 칸트의 두 번째 정언명령은 '당신 자신이든지 다른 인격체이든지 모든 사람을 언제나 결코 단순히 수단으로서가 아니라 항상 동시에 목적으로 대우하는 방식으로 행위하라'이다. 모든 인격체는 우리의 행위가 지향하는 최종 목적으로서 존경받을 자격이 있기 때문이다. 나는 학생들에게 이 점을 설명하기 위해 두 가지 예를 제시한다. 사업체를 운영하는 사람은 종업원을 고용하여 그들의 노동력을 수단으로 활용해 영리를 추구한다. 그것이 사업이다. 그러나 그렇다고 해서 고용인이 종업원을 단순히 수단으로만 취급하며 착취해도 된다는 말은 결코 아니다. 주지하듯이 최저임금제도와 노동법의 존재는 사업자가 종업원을 단순한 수단으로서가 아니라 항상 동시에 목적으로, 즉 인격체로 대우해야한다는 점을 잘 보여 주는 증거이다.

이 정언명령의 취지를 가장 잘 드러내 주는 예는 아마도 적진에 남겨진 미군 병사가 있다면 아무리 소수의 인원이라도 모든 자원과 수단을 동원해 구출한다는 미국의 정책일 것이다. 미군은 불과 한두 명의 병사를 구출하기 위해서도 천문학적 비용을 들여가며 수많은 군인들이 구출 작전에 나선다. 이런 방침을 정한 정치가들과 군 수뇌부의 계산이 깔렸을 수도 있음을 모르지 않지만, 나는 기꺼이 목숨을 걸고 구출 작전에 참여하는 수많은 동료 병사들의 자세에서 칸트의 둘째 정언명령의 정신을 뚜렷이 읽는다. 이들은 다른 병사를 단순히 전장의 소모품(수단)으로만 보지 않고 그들의 행위가 지향해야 할 최종 목적(인격체)으로 간주하고 존중하는 것이다.

칸트는 보편화 가능성 원리로서의 첫째 정언명령으로 모든 도덕 법칙이 충족해야 할 형식적 조건을 통찰한다. 그리고 둘째 정언명령은 인격체를 향한 존경의 원리로서 도덕 법칙이 가져야 하는 내용적 요구 조건을 제시한다. 철학의 역사를 살펴보면 어떤 문제에 대해 대다수의 철학자들이 동의하는 경우는 극히 드문데, 이 두 명령은 도덕의 본질에 관한 거부할 수 없는 통찰로서 거의 모든 철학자들이 받아들이는 예외적인 원리다. 칸트의 글은 읽기 쉽지 않지만 그를 이해하려는 노력은 언제나 충분히 보상받는다.

제5강
최대 다수가 최고로 행복한 삶

우리는 '최대 다수의 최고 행복'이라는 구호에 익숙하다. '가능하면 더 많은 사람들이 더 행복하도록 행위하라'는 이 공리주의功利主義의 입장은 19세기 초반 영국 철학자 존 스튜어트 밀John Stuart Mill이 체계적으로 완성했다. 오늘날에는 공리주의가 일상의 상식으로 받아들여지지만 실제로 그 역사는 200여 년에 불과하다. 공리주의가 오래된 사상이 아니었다는 사실은 역설적으로 공리주의적 사고가 그때까지는 그다지 자명한 원리가 아니었음을 보여 준다. 그런데 공리주의를 처음 제시한 사람은 밀이 아니라 그의 대부代父였던 제레미 벤담Jeremy Bentham이었다.

벤담은 영국 정부의 공무원으로 일하며 일정 분야의 공

공정책 입법과 관련된 임무를 맡고 있었다. 그런데 수립되는 정책들을 보자니 그 대부분이 힘들게 사는 절대 다수의 보통 사람을 위해서가 아니라 당시 영국 왕실과 귀족 등 소수 특권층을 위한 것들이라는 사실을 깨닫게 되었다. 한국의 텔레비전 사극에도 흔히 등장하는 이야기지만 역사상 대부분 왕조에서는 '왕실의 안녕을 도모하고 종묘사직을 굳건히 하는 것'이 대다수 백성의 행복을 증진하는 일보다 우선이었다. 민주주의 사회에 사는 우리로서는 어리둥절하지만 우리가 시민의 권리를 쟁취해 정당한 권리를 누리기 시작한 지는 정말 얼마 되지 않았다.

벤담은 보통 사람들에게 헌신과 희생을 강요하는 낭만적인 도덕률이 사기와 기만으로 가득하다고 간파했다. 그의 비판을 다소 드라마틱하게 서술해 보겠다. 당시 왕과 귀족들은 평생 한 번도 땀 흘리며 일해 본 적이 없고, 요리나 청소 또는 빨래를 직접 해 본 적도 없다. 그러면서도 온갖 부와 특혜를 다 누리며 평민 위에 군림했다. 이런 도를 넘도록 행복한 소수를 위해 평생 춥고 배고프게 지내며 땀 흘리며 힘겹게 살아온 보통 사람들이 왜 막중한 세금을 내며 헌신하고 또 그들의 특권을 위해 전쟁에 나가 희생해야 하는가? 희생과 헌신 같은 감상적이고 금욕적인 도덕관은 지배 계층이 자신들의 이익을 보장하기 위해 만들어 낸 기만술일 뿐이다.

도덕 질서는 상호 이익이 균형을 이룰 때 가능하며, 정부의 법은 최대 다수에게 최대 효용(utility)을 창출할 수 있는 방향으로 만들어져야 한다.

공리주의의 '최대 다수의 최대 행복'을 달성하는 간단한 예를 하나 살펴보자. 세 사람이 똑같이 재료를 준비하고 함께 일하여 빵 6개를 구워냈다. 셋은 각각 빵 2개를 산출할 만큼 기여했다. 한 사람이 빵 2개를 먹으면 100퍼센트 행복하다. 그런데 이 가운데 힘센 한 사람이 빵 4개를 차지하고, 다른 사람들에게는 빵 1개씩만 준다고 가정해 보자. 이때 빵 4개를 먹은 사람은 100퍼센트 이상 행복할 수는 없으므로 그는 그냥 100퍼센트 행복하다. 그러나 다른 두 사람은 각각 50퍼센트만 행복하다. 그래서 이 셋의 행복 총량은 '100+50+50', 즉 200퍼센트이다. 반면에 빵을 세 사람에게 각각 2개씩 나눠주면 그 행복의 총량은 '100+100+100', 즉 300퍼센트이다. 공공정책은 후자와 같이 '최대 다수의 최대 효용(행복)'을 산출하는 방식으로 정해져야 한다는 것이 공리주의자들의 주장이다.

당시 기득권층은 자신들의 이익을 침해할 것이 분명한 공리주의를 강하게 비판했다. 그들은 '좋은 행위란 쾌락(즐거움)을 증진하고 고통을 없애는 것'이라는 공리주의자의 솔직한 행복론을 쾌락밖에 모르는 '돼지들에게나 어울릴' 도덕관이라고 조롱했다. 이것은 개보다 지능이 높다는 돼지들의 인격(돈격?)을 모욕하는 이야기지만(웃음), 당시 공리주의는 혁명적으로 새로운 이론이었기 때문에 기득권층의 반발 또한 극심했다. 게다가 왕족이나 귀족은 온갖 고상한 척은 다하며 살았는데 (그렇다고 그들이 쾌락을 싫어하고 고통을 좋아했던 것은 물론 전혀 아니다), 그들은 '쾌락의 증진과 고통의 제거'라는 행복론을 설파하는 벤담의 투박한 공리주의를 쉬운 먹잇감으로 삼아 비판했다.

밀은 벤담에게 쏟아졌던 공격을 막아내고자 '행복하기 위해 중요한 것은 쾌락의 양量이 아니라 질質'이라고 주장하며 공리주의를 세련되게 다듬어 나갔다. 돼지에게는 쾌락의 양만 중요하겠지만 지적·정서적으로 우월한 인간에게는 질이 더 중요하다는 말이고, 공리주의는 질적으로 수준 높은 쾌락을 추구한다는 것이다. 그의 주장은 예를 들어 록 음악과 고전음악이 주는 즐거움(쾌락)을 비교해 보면 쉽게 이해할 수 있다. 요즘은 많은 이들이 록 음악을 선호하기도 하지만, 그러면서도 우리는 고전음악이 더 높은 수준의 즐거움을 선사한다는 점에 동의한다. 다양한 음색의 악기들, 섬세한 선율, 풍부한 음향, 폭넓은 주제, 그리고 현란하면서도 깊이 있는 기교 등에서 고전음악이 주는 즐거움이 우월하기 때문이다.

예를 하나 더 들겠다. 미국은 책값이 비싸고 술값이 싸서 시집 한 권과 보통 품질의 보드카 한 병 값이 비슷하다. 그런데 시를 읽는 즐거움과 술 마시는 즐거움을 비교해 보면 우리에게 쾌락의 양이 아니라 질이 더 중요하다는 점이 분명해진다. 시도 읽어 보고 보드카도 마셔 본 사람이라면 누구나 동의할 것이지만, 지성과 감성의 깊고 넓은 분야를 망라해 얻는 시 읽기의 즐거움은 보드카가 주는 말초적인 즐거움과는 비교되지 않는다. 그래서 밀은 '만족한 바보보다는 불만에 가득 찬 소크라테스'가 더 좋은 삶을 행복하게 살았다고 일갈一喝한다. 깊은 지식과 예리한 안목으로 당시 아테네 사회 지도자들의 허위와 위선을 꿰뚫어 보았던 소크라테스는 언제나 불만에 차 있었다. 이와는 대조적으로 지식도, 안목도 없었던 바보는 마냥 즐거웠다. 소크라테스와 바보 가운데 누가 더 잘 살았는가는 분명하다.

밀은 즐거움의 양보다 질이 더 중요하다며 공리주의의 격格을 높이려 했지만, 학자들은 쾌락의 질은 알고 보면 양으로 환원되기 때문에 공리주의에서는 결국 쾌락의 양만이 중요하다고 보기도 한다. 위에서 시 읽기가 질적으로 더 고급인 이유는 시를 읽는 즐거움은 읽은 다음에도 몇 달, 몇 년 동안 지속되고, 다른 사람과 함께 읽어도 그 즐거움이 줄지 않으며, 또 시는 지성과 감성의 여러 부분을 포괄적으로 자극하며 우리를 즐겁게 해 주기 때문이다. 이에 반해 보드카는 마시며 취해 있는 동안만 즐겁고, 다른 사람과 나누면 자신이 마실 술의 양이 줄어들며, 또 보드카가 주는 즐거움은 아주 단순한 생리적 즐거움이다. 시 읽기가 질이 높은 이유도 따지고 보면 쾌락의 지속 기간, 공유 가능성, 그리고 포괄성 등의 측면에서 양적으로 우월하기 때문이다. 이 지적에 대하여 밀이 어떻게 답변할지 궁금하다.

그런데 상식적으로 자명한 원리인 것 같은 공리주의도 한계가 있다. 먼저 공리주의는 인간이 맺는 특수한 관계와 그에 따르는 의무를 무시하고 전체의 공리를 추구한다는 문제가 있다. 예를 들어 우리는 자신의 자녀를 돌보고 교육시켜야 하는 우선적인 의무가 있다. 그런데 미국 대학의 살인적 학비를 지불할 돈이면 아프리카의 한 마을 사람 전체를 몇 년 동안 배고픔에서 벗어나게 해 줄 수 있다. '최대 다수의 최대 행복'을 지향하려면 자녀의 교육을 희생하고 아프리카 빈민 구호 단체에 그 돈을 기부해야 한다. 그러나 우리는 그렇게 하지 않으며 또 그렇게 하지 않는 우리의 행위가 도덕적으로 비난받지도 않는다. 공리주의는 이 문제를 어떻게 해결해야 할까?

공리주의의 한계를 더 지적하기 위해 나는 학생 가운데 지원자 한 명을 골라 아주 짓궂은 질문을 한다.

여기 톰은 젊고 건강이 넘치는 청년이다. 그는 100퍼센트 행복하다. 그런데 제니, 헌터, 니콜라스, 베스, 그리고 셸리는 각기 다른 장기 하나에 암이 생겨 곧 장기를 이식받지 못하면 모두 사망하게 된다. '최대 다수의 최대 행복'을 달성하기 위해 톰을 희생해서 그의 장기 하나하나를 이 다섯 명에게 이식시키면 전체의 행복량은 500퍼센트다. 그러나 그렇게 하지 않으면 그냥 100퍼센트에 머문다. 자, 이제 우리는 톰을 수술대에 올리고 장기를 꺼내기 시작해야 할까?

모두들 놀라며 고개를 좌우로 흔든다. 건강한 자신도 톰의 운명에 빠질 수 있다는 공포가 밀려오는 듯 보이는 얼굴들이다. 그러면 나는 또 윤리학에서 잘 알려진 예 하나를 더 소개한다.

언덕이 많은 샌프란시스코에 가 보면 언덕을 오르내리는 관광용 전차(트롤리)가 평화롭게 다닌다. 그런데 트롤리 하나가 브레이크 파열로 언덕을 내려가며 가속도가 무섭게 붙기 시작한다. 그 안에는 수십 명의 관광객이 타고 있다. 언덕 밑에는 육중한 콘크리트 벽이 있어서 트롤리가 이대로 충돌하면 많은 사람이 사망하게 될 위기다. 이때 마침 그 벽 옆으로 500킬로쯤 나가는 고도비만의 남자가 기어가듯 걸어

가고 있다. 우리가 이 남자를 벽으로 밀쳐서 일종의 범퍼(충격 완화 장치)로 사용하면 트롤리에 있는 수많은 사람을 구할 수 있다. '최대 다수의 최대 행복'을 구현하기 위해 우리는 영문도 모르는 이 사람을 강제로 콘크리트 벽으로 밀어 버려야 할까?

어이없는 시나리오이지만 공리주의 입장에서는 답변하기 난감하다. 특히 혹독한 겨울을 견뎌내느라고 대학 때부터 체중이 급격히 늘어 결국 고도비만에 이르는 사람이 많은 미네소타에서는 정말 경악할 이야기다.

학생들은 '최대 다수의 최대 행복'을 위해서도 결코 용납해서는 안 되는 행위가 있다고 생각한다. 무고한 사람을 희생시켜 그의 장기를 꺼내 다른 사람들을 살리는 일은 우리가 가진 도덕 직관으로는 차마 할 수 없는 짓이다. 또한 다수를 위해 인격체인 한 남자를 범퍼로 사용하는 일도 마찬가지로 참혹하다. 그래서 학자들은 공리주의를 받아들이더라도 소수는 보호되어야 한다는 또 하나의 원리가 추가되어야 한다고 지적한다. 이 견해는 우리가 지난 강의에서 살펴본 칸트의 도덕철학과도 연결되는데, 특히 소수의 인격체를 목적으로서가 아니라 단순히 수단으로만 간주하여 이용하는 행위는 허용되어서는 안 된다. 상식적으로 옳다고 여겨지는 공

리주의도 도덕의 다른 원리들이 보완해 주어야 제대로 작동
할 수 있어 보인다.

앎 ——————————————————————

인식론

제6강
앎이란 무엇인가

나는 학생들이 가장 관심을 기울일만한 주제인 윤리학의 문제를 다루면서 서양철학개론 강의를 시작한다. 동서양을 막론하고 철학은 현실과는 동떨어진 난해한 학문이란 인상 때문에 수강생들이 상대적으로 편히 느낄 구체적인 삶의 문제부터 다루어야 흥미를 잃지 않기 때문이다. 그렇지만 대다수 철학자에게 역사상 철학의 가장 중요한 두 주제를 꼽으라고 하면 있음(존재)과 앎(지식, 인식)의 문제라고 답할 것이다. 그래서 나는 앎의 문제를 다루는 지식론(또는 인식론)으로 본격적인 이론철학 강의를 시작한다. 존재를 주제로 하는 형이상학이 그다음이다.

앎이란 무엇인가? 이렇게 추상적인 질문은 답하기 참

까다롭다. 질문이 어렵고 섬세해서가 아니라 너무 추상적이어서 그렇다. 우리는 쓸데없이 폼만 재는 이런 허풍스런 큰 질문의 겉모습에 속지 말고 차분히 호흡을 가다듬으며 이 문제에 다가가야 한다. 큰 얼음덩이를 망치로 부수기는 어렵지만 작더라도 날카로운 바늘로 살살 쪼개면 쉽게 조각낼 수 있듯이, 예리한 방법으로 차근차근 이 질문을 분석해 보자. 재미있을 것이다. 먼저 이 질문을 구체적인 내용을 가진 것으로 바꾸어 생각해 보자. 그래야 추상적인 문제를 더 쉽게 다룰 수 있기 때문이다. 예를 들어, 엘리자베스가 '프랑스는 독일의 서쪽에 있다'는 점을 안다는 것은 무엇을 의미하는가?

구체적인 내용을 포함하도록 질문을 바꾸어 보았지만 어떻게 답해야 할지 여전히 감이 안 잡힌다. 그래서 나도 좋은 선생이라면 시도할 소크라테스의 문답 방법으로 답변을 유도한다.

엘리자베스는 '프랑스는 독일의 서쪽에 있다'고 믿지 않는다. 그런데도 엘리자베스가 '프랑스는 독일의 서쪽에 있다'는 점을 알 수 있는가?

학생들은 '프랑스는 독일의 서쪽에 있다'고 믿지 않으면서 그것을 알 수는 없다고 답변한다. 어느 누구도 '나는 프랑스가 독일의 서쪽에 있다고는 믿지 않아. 그렇지만 나는 그것을 잘 알고 있어'라고 말할 수 없다. 스스로 모순에 빠지기 때문이다. 우리는 여기서 무엇을 안다는 것이 최소한 그것을 믿어야만 가능하다는 점을 확인하게 된다. 앎 또는 지식은 믿음을 그 필요조건으로 한다. 학생들이 고개를 끄덕인다.

그런데 '프랑스는 독일의 서쪽에 있다'고 믿는다는 것은 무엇을 의미하는가?

이 물음에는 내 예상대로 아무도 답을 못한다. 이 질문이 개론 강의 시간에 묻기는 미안한, 좀 근본적인 철학적 물음이기 때문이다. 그래서 또 나는 소크라테스 흉내를 내며 질문한다.

'프랑스는 독일의 서쪽에 있다'고 믿는 사람과 믿지 않는 사람의 차이점은 무엇인가? 믿는 사람은 이 사실을 받아들이고, 믿지 않는 사람은 받아들이지 않는가?

학생들은 모두 그렇다고 답변한다. 어떤 사실을 받아들이지 않으면서 그것을 믿을 수는 없기 때문이다. 그래서 요즘 철학자들은 언어철학적 테크닉을 곁들여 '우리가 '프랑스는 독일의 서쪽에 있다'는 명제(문장)에 긍정적인(positive) 태도를 가질 때 그것을 믿는다고 말할 수 있다'고 설명한다.

학생들 모두는 이미 앞에서 앎을 구성하는 요건 가운데 하나가 믿음이라고 동의했다. 나는 또 소크라테스처럼 질문한다.

여러분은 '미국이 멕시코의 북쪽에 있다'는 사실을 알고 있다. 그러면 이 세상 누군가는 '미국이 멕시코의 남쪽에 위치한다'고 알 수 있을까? 그런 앎이 가능할까?

학생들은 곧 그럴 수 없다고 답변한다. 우리는 '2+3=5'라는 셈이 옳다고 알지만 '2+3=6'은 알 수 없다. 우리가 참이 아닌 것을 (잘못) 믿을 수는 있지만 (올바로) 알 수는 없기 때문이다. 그래서 우리의 앎, 우리의 지식을 구성하는 또 하나의 필수적인 요소로 그 믿음의 내용이 참이어야 한다는 조건이 추가되어야 한다.

15세기까지 유럽인들은 지구가 우주의 중심이고, 태양과 그 밖의 천체가 지구의 주위를 돌고 있다고 믿었다. 그들은 '태양이 지구의 둘레를 돈다'는 것을 알았는가? 아니, 그들은 알지 못했다. 어느 누구도 참이 아닌 것을 알 수는 없기 때문이다. 물론 그들은 스스로 '태양이 지구 주위를 돈다'는 것을 안다고 믿었지만, 그들의 믿음은 잘못이었다. 우리는 '한반도는 동북아시아에 위치한다', '미국의 초대 대통령은 조지 워싱턴이었다', 그리고 '알래스카는 미국 본토와 지리적으로 떨어져 있다'는 사실을 안다. 그러나 우리는 '달은 치즈로 만들어져 있다', '삼각형의 내각의 합은 360도다', 그리고 '한글은 이순신 장군이 창제했다'는 것을 결코 알 수 없다.

　지금까지 무엇을 알려면 우선 그것을 믿고 또 그것이 참이어야 한다는 요건을 살펴보았다. 그런데 여기서 이 '무엇'이나 '그것'은 과연 무엇일까? 앎을 구성하는 또 다른 조건을 검토하기 전에 먼저 이 '무엇' 또는 '그것'에 해당되는 대상의 속성을 고찰해야 할 필요가 있다. '무엇'이라는 단어는 일견 어떤 특정한 물체를 지칭하는 것 같다. 그러나 그것은 실제로 특정 물체가 아니라 일종의 추상적인 사태(state of affairs) 또는 사건(event)을 지칭한다. 예를 들어 우리는, 은유적인 표현이 아니라면, '장미 한 송이를 믿는다'라거나 '장미 한 송이는 참이다'라고 말하지 않는다. '무엇'을 장미 한 송이라는 물체로 간주하며 믿음과 진리의 대상으로 보려 하면 뜻이 통하지 않게 된다. 이 두 문장에서 '장미 한 송이'를 주변에 있는 아무 물체라도 골라 대체시켜 보면 모두 이상한 문장이 된다는 점을 깨달을 수 있다. 이를테면 '구두 주걱을 믿는다', '신발은 참이다', '달력은 참이다', '옷장을 믿는다' 등은 이치에 맞지 않는 말들이다.

이와는 대조적으로 '나는 '장미 한 송이가 향기롭다'고 믿는다'는 문장은 뜻이 잘 통한다. 그리고 "'장미 한 송이가 향기롭다'는 참이다'는 문장도 어색하지 않다. '무엇' 또는 '그것'에 해당되는 대상이 '장미 한 송이가 향기롭다'라는 사태 또는 사건이기 때문에 문장의 뜻이 통하는 것이다. 예를 더 들자면, 우리는 '달에는 토끼가 방아를 찧고 있다'고 믿지 않으며, '달은 지구의 주위를 공전한다'는 말은 참이다. 이와 같이 하나의 물체가 아니라 사태 또는 사건만이 우리의 믿음과 참·거짓의 대상이 될 수 있다. 언어적으로 표현하자면, 단순한 단어가 아니라 명제(문장 또는 진술)만이 이런 사태와 사건을 담아 서술할 수 있다. 믿음과 진리의 담지자(bearer)는 명제라는 언어철학의 주장은 이런 맥락에서 이해하면 된다.

그런데 소크라테스와 플라톤 이후 철학에서는 참된 믿음만으로는 앎 또는 지식이 될 수 없다는 논의가 있어 왔다. 이 비판의 요점을 보여 주는 예를 쉽게 생각할 수 있다. 나는 또 앉아 있는 학생 하나의 허락을 얻어 질문한다.

여기 있는 존은 어느 날 갑자기 이유 없이 트럼프의 왼쪽 발바닥에 엄청나게 큰 점이 있다는 생각이 들었다. 존은 트럼프를 만나 보지 않았고, 또 대중매체 가운데 어느 곳도 트럼프의 왼쪽 발바닥을 보여 준 적이 없다. 그런데도 존은 어떤 계시 같은 것을 받았는지 몰라도 트럼프에게 그런 점이 있다고 철석같이 믿게 되었다. 그런데 마침 오늘 트럼프는 정말 왼쪽 발바닥에 그런 큰 점이 있다고 발표했다. 자신에게 행운을 가져다주는 복점이라면서. 자, 이제 여러분에게 질문하겠다. 존은 트럼프에게 그런 점이 있다고 믿었고, 또 그 믿음이 참이었다고 밝혀졌다. 그렇다면 존은 트럼프의 왼쪽 발바닥에 엄청나게 큰 점이 있다는 사실을 알고 있었는가?

학생들은 주저 없이 고개를 젓는다. 존의 믿음은 실제로는 추측에 불과한데, 다만 그런 추측이 운 좋게 맞아 떨어졌을 뿐이기 때문이다. 이런 운 좋은 추측(lucky guess)이 지식이 될 수는 없다. 그렇지 않다면 근거 없는 확신으로 복권 번호를 선택해서 우연히 당첨된 사람 모두가 이미 그 번호를 알고 있었다고 인정해야 할 것이다.

그렇다면 운 좋은 추측은 무엇이 부족해서 지식이 될 수 없을까? 언제나 한두 학생이 손을 들고 답변한다.

그런 믿음이 어떻게 참인가를 설명할 수 없기 때문입니다. 어떤 참된 내용을 단순히 믿기만 해서는 안다고 볼 수 없고,

그 내용이 참인 이유를 들어 설명할 수 있어야 비로소 그것을 안다고 할 수 있습니다.

소크라테스와 플라톤이 좋아하며 동의할 답변이다. 현대 인식론(지식론)도 참인 믿음을 올바로 설명할 수 있어야, 즉 그것을 정당화(justification)할 수 있어야 그것이 앎 또는 지식이라면서 정당화를 앎의 또 하나의 필요조건으로 제시한다.

어떤 믿음이 참인 이유를 설명할 수 있어야 그것을 아는 것이고, 또 소크라테스가 지적한 것처럼 그래야만 그 지식을 머릿속에 붙잡아 매어 머무르게 할 수 있다. 그런데 우리는 중고등학교 시절 시험을 치른 다음 날이면 공부한 내용을 모두 잊어버리곤 했다. 교과서는 권위 있는 학자들에 의해 저술되었을 테니 그 참된 내용을 믿는 것이 나름 정당화될 수는 있다. 그러나 단순 암기 위주의 주입식 교육으로는 교과서의 내용을 스스로 설명하며 그 믿음을 정당화하는 훈련이 불가능하다. 공부한 내용이 머릿속에 머무르지 못하고 곧 망각 속에 빠진다. 그래서 암기 위주 교육은 지식을 전수하지 못한다.

이번 강의에서 우리는 앎이 무엇인가를 논의했다. 고대 그리스 이후로 서양철학에서는 앎 또는 지식을 '정당화된 참된 믿음(justified true belief)'이라고 정의했고, 이 유구한 전통은 20세기 중반까지 이어져 내려왔다. 그런데 1963년 미국 철학자 에드먼드 게티어Edmund Lee Gettier가 '정당화된 참된 믿음이 지식인가?'라는 주제의 논문을 발표하며 지식에 대한 전통적인 정의에 문제점이 있음을 지적한다. 그 이후 현대 인식론은 반세기가 넘도록 이 문제를 해결하기 위해 노력해 오고 있다. 그러나 이 주제는 교양 서양철학개론의 범위를 넘어서기 때문에 철학 전공 학생들이 수강하는 지식론(인식론) 강의에서 다룬다.

제7강
선천적 지식

우리는 머릿속에 (또는 마음속에) 아무 지식도 없이 태어난다고 생각한다. 배고플 때 울고, 엄마 젖을 빨 줄 아는 등 생존을 위해 필요한 본능은 타고난다지만, 이것들은 '정당화된 참된 믿음'으로서의 지식 조건을 충족하지 못한다. 그런데 놀랍게도 소크라테스는 인간은 선천적으로 완벽한 지식을 지니고 태어난다고 믿는다. 우리는 단지 이 지식을 망각했을 뿐이어서 적절한 방법으로 그것을 회상해(recollect)내기만 하면 완전한 지식을 갖추게 된다고 본다. 서양철학의 시조로서 성인의 반열에 오른 그가 어떻게 이토록 어리둥절한 견해를 가지고 있을까 의아하다. 그리고 이런 주장의 근저에는 영혼이 윤회한다는 그의 믿음이 깔려 있다. 서양인으로서 예외가 아닐 수 없다.

　소크라테스는 평생 글을 남기지 않았다. 그가 저술을 남겼더라도 지금까지 전해 오는 것은 없다. 그의 철학은 제자였던 플라톤이 저술한 수십 권의 책(대화록)을 통해 알려져 왔다. 플라톤은 대화록에서 소크라테스가 상대방과 주고받았을 실제 또는 가상의 대화를 통해 소크라테스 및 자신의 사상을 전개한다. 각 대화록에 따라 다소 차이는 있지만 두 사람 사이 사상의 차이를 가늠하기는 쉽지 않다. 그래서 이 책에서는 두 철학자의 견해에 차이가 없는 것으로 간주하고 그들의 철학을 설명하기로 한다.

　모든 지식이 선천적이라는 소크라테스의 견해는 대화록『메논』에서 당시 잘 알려진 소피스트 고르기아스의 배움(앎)의 딜레마를 타파하기 위해 제시된다. 이 책의 제1강에서 잠깐 살펴보았지만 고르기아스는 모르는 것을 새로 배우기는 불가능하다고 주장한다. 우리는 무엇인가를 알거나 모른다. 아는 사람은 이미 아는 것을 새로 배우기가 불가능하므로 배울 수 없다. 그런데 모르는 사람은 그 모르는 것을 제대로 찾을 수 없으므로 배울 수 없다. 모르는 사람이 우연히 그것과 마주치더라도 그는 그것이 자기가 모르는 것이라고 알아챌 수 없다. 결국 알아도, 몰라도 배울 수 없다. 그러므로 배움(새로 앎)은 불가능하다.

일견 그럴듯해 보이는 이 논증은 상식과 어긋나는 결론을 가지고 있다. 우리는 모르는 것을 새로 알 수 있고, 실제로 지금 이 순간 우리 강의실에서도 그런 배움이 진행되고 있다. 나는 학생들에게 질문하고 답변을 들어 본다.

"여러분은 철학이 무엇인지를 완벽히 알고 이 강의에 들어왔는가?"
"그렇지 않습니다. 새로 배울 것이 있어서 왔습니다."
"그렇다면 철학이 무엇인지 전혀 몰라 이 개론 강의를 고르지도 못할 정도로 철학에 대해 전적으로 무지無知했는가?"
"그렇지도 않습니다. 많이 알지는 못했지만, 철학에 대해 들어 조금은 알고 있어서 호기심으로 이 과목을 골랐습니다."

학생들은 고르기아스가 제시한 두 선택지 외에 제3의 가능한 선택지가 있다고 지적한다. 완벽히 알지는 못하지만 그래도 조금은 알고 있는 경우다. 논리학에서는 선택지를 모두 나열하지 않았다는 점을 보여 주면 그 딜레마가 격파되는 것으로 판단한다. 고르기아스는 이 제3의 가능성을 제시하지 않은 선언(alternative) 불완전의 오류를 범했다.

한편 소크라테스는 고르기아스의 두 번째 선언지를 다르게 해석하며 이 딜레마를 극복하려 한다. 그는 우리가 '무

엇을 모르는지 몰라도' 새로 배워 알 수 있다고 주장하며 '질
문을 통한 산파술'로 이 주장을 뒷받침한다. '산파술'이라 불
리는 이유가 재밌다. 아이는 임신부가 낳지만 산파가 출산을
돕는다. 소크라테스는 산파의 역할을 자처하며 질문으로 상
대의 답변을 유도하고, 또 그 답변을 바탕으로 다시금 질문
하는 과정을 반복한다. 그러면서 무엇을 모르는지도 몰랐던
상대가 마음(또는 영혼)속에 무의식적으로 가지고 있던 지식
을 스스로 회상해내도록 돕는다. 이러한 회상이 연구와 학습
과정이고, 모든 지식은 태어날 때부터 가진 내용을 회상하여
얻어지기 때문에 선천적(innate)이다.

　　소크라테스의 회상 이론은 그가 받아들인 피타고라스
학파의 영혼 윤회설을 고려하며 이해해야 한다. 직각삼각형
의 정리로 잘 알려진 피타고라스학파는 원래 엄숙한 종교 집
단인데, 이들은 인도인과 마찬가지로 영혼의 윤회를 믿었다.
윤회에 의하면 생명체는 태어나 살고 죽지만 그것으로 끝이
아니다. 그 생명체의 영혼은 다른 몸에 들어가 다시 태어나
고 살고 또 죽는다. 불멸의 영혼은 무한한 과거로부터 이 과
정을 반복해 왔고, 또 앞으로도 무한히 반복할 것이다.

　　무한한 과거로부터 윤회를 거듭해 온 우리는 과거의 생
生 어느 때 분명 신들과 함께 (또는 신으로서) 천상의 세계에 살
면서 그곳에 존재하는 모든 완벽한 사물에 접했을 것이다.

그래서 영혼은 모든 완전한 것에 대한 지식을 간직하고 있다. 그런데 전설에 따르자면 우리는 이 세계에 태어나기 바로 전에 넓은 사막을 건너야 했다. 사막을 걷느라고 갈증에 시달리게 되는데, 이승으로 넘어오기 전에는 또 그 사이에 가로놓인 '레테Lethe, '망각'이라는 뜻'라는 이름의 강을 건너게 된다. 이때 갈증에 못 이겨 강물을 마시면 모든 기억을 잃게 된다. 그래서 이 세계에 태어날 때 우리는 아무것도 기억하지 못한다.

믿거나 말거나 하는 이야기지만, 이 전설은 모든 학습이 전생에 가졌던 기억에 대한 회상이라는 소크라테스의 선천적 지식론을 뒷받침하기 위해 필요하다. 『메논』에서 소크라테스는 기하학을 배운 적이 없는 노예 소년과 문답을 주고받는 산파술로 그 소년이 어떤 주어진 정사각형의 두 배 크기의 정사각형을 그리는 방법을 깨닫게 해 준다. 정사각형의 대각선을 한 변으로 삼아 그리는 새 정사각형은 그 크기가 두 배가 되는데, 상상하지도 못했던 이러한 기하학적 진리를 누구나 문답 과정을 통해 깨달을 수 있다. 소크라테스에 의하면 우리가 이미 영혼 속에 이런 진리를 간직하고 있었기 때문에 가능한 일이다.

이제 소크라테스의 선천적 지식론에 대해 견제구를 던져 볼 차례다. 나는 예를 하나 더 들며 학생들에게 질문한다.

두 점 사이의 최단 경로는 직선이다. 우리는 이것을 배워서 알고 있었는가, 아니면 태어날 때부터 이미 알고 있었는가? 『메논』의 노예 소년은 두 배 크기의 정사각형을 그리는 법을 처음부터 알고 있었는가, 아니면 소크라테스가 문답 과정을 통해 그 소년에게 은연중 가르쳐 주었는가?

학생들은 선뜻 답변을 못하고 머뭇거린다. 그러면 나는 투표로 답을 정해 보자고 제안한다. 비록 진리가 다수결로 결정될 수는 없다고 하면서도. 투표 결과는 언제나 소크라테스에게 불리하게 나온다. 우리는 두 점 사이의 최단 경로도 경험을 통해 직선이라고 알게 되고, 또 노예 소년이 깨달은 기하학적 지식도 실은 소크라테스가 문답을 통해 간접적으로 가르쳐 주었다고 판단하는 학생이 대부분이다.

소크라테스는 영혼에 간직된 선천적 지식만이 영원한 존재에 대한 불변의 진리라고 주장한다. 이 주장은 플라톤의 『국가』에 나오는 영원한 존재(이데아)에 관한 논의에서 전개되는데, 나는 화이트보드에 삼각형을 그리며 설명을 시도한다.

"이것은 무엇인가?"
"삼각형입니다."

"그럼 삼각형의 정의는 무엇인가?"

"세 변으로 이루어진 도형입니다."

"그러면 각각의 변은 직선인가?"

"그렇습니다."

"그런데 내가 완벽한 직선을 그렸는가?"

"아닙니다. 기하학적 정의에 맞는 완벽한 직선을 그릴 수는 없습니다."

"그렇다면 여러분은 이 도형이 삼각형이라는 것을 어떻게 알았는가?"

"…."

플라톤은 우리가 불완전한 감관(눈)으로 불완전한 직선으로 이루어진 불완전한 삼각형을 보더라도 우리의 영원불변한 영혼은 그것을 통해 천상 세계에 존재하는 영원불변한 본질을 가진 삼각형 그 자체를, 즉 삼각형의 이데아idea(form)를 꿰뚫어 보기 때문이라고 답할 것이다.

플라톤은 아름다움과 정의正義를 예로 들며 그의 이데아론을 제시한다. 우리 세계에도 아름다운 것은 많지만 어떤 사소한 측면에서도 추醜함 없이 완벽히 아름다운 것은 존재하지 않는다. 아름다운 장미도 가시가 있고, 시간이 지나면 시든다. 제아무리 아름다운 배우라도 조금은 그렇지 못한 면

이 있을 수밖에 없고, 그 아름다움도 오래 지속되지 못한다. 그럼에도 불구하고 우리는 완벽한 아름다움이 무엇인지를 이해하고 그것을 추구한다. 정의에 대해서도 마찬가지다. 이 세계에는 전적으로 정의로운 사람도, 그런 행위도 존재하지 않지만, 우리는 완벽한 정의가 무엇인가를 논의하고, 그 본질을 이해한다. 이것이 어떻게 가능할까?

플라톤은 논란의 여지가 있는 논증으로 그 이유를 설명한다. 육체는 시간의 경과에 따라 변하고 쇠하며 결국 썩게 되는데, 육체에 속하는 감관 또한 같은 운명을 가진다. 감관을 통해 경험하는 이 세계의 사물 또한 변하고 쇠하며 썩는 동일한 속성을 가지고 있다. 그러나 불멸의 영혼은 영원히 불변한다. 그러므로 영혼에 의해서만 파악되는 완벽한 삼각형 그 자체(삼각형의 이데아), 절대적 정의와 아름다움(정의와 아름다움의 이데아들) 등도 마찬가지로 영원히 불변하고 불멸한다. 천상의 세계와 같은 어떤 형이상학적 공간에 영원히 존재하는 이데아만이 불변의 순수한 존재이고, 진정한 지식이란 이런 이데아에 대한 지식이어야 한다. 우리 세계의 사물은 이데아를 불완전하게 나눠 가져 생긴 그림자 또는 복제물에 불과하다. 불완전한 감관으로 경험한 이 세계의 불완전한 사물에 대해 우리는 지식이 아니라 단지 의견(doxa, opinion)을 가질 수 있을 뿐이다.

나는 학생들을 위해 간단한 예 하나로 이 논증이 가진 문제점을 비판한다. 멀리 떨어져 있는 별을 보기 위해서는 아주 큰 망원경이 필요하다. 가까이 있는 별은 상대적으로 작은 망원경으로도 관측이 가능하다. 그렇지만 큰 망원경으로만 보인다고 그 멀리 있는 별이 반드시 큰 것은 아니고, 작은 망원경으로는 작은 별만 볼 수 있는 것이 결코 아니다. 마찬가지로 무상無常한 육신의 오감으로 확인한다고 해서 그 대상마저 반드시 무상한 것은 아니고, 영원불변한 영혼으로 파악한다고 해서 그 대상마저 똑같이 영원불변하고 순수한 존재라는 보장은 없다.

소크라테스와 플라톤의 선천적 지식론은 우리가 받아들이기 어려운 불멸의 영혼 윤회설, 레테 강의 전설, 그리고 형이상학적 공간에 있다는 이데아의 존재에 의존하고 있다. 그럼에도 불구하고 지식의 선천성에 관한 이 두 철학자의 견해는 17세기 영국 철학자 존 로크John Locke가 선천적 지식의 존재를 강력하게 부인하며 그 대안으로 경험론(empiricism)을 제시할 때까지 2천 년 이상 서양철학의 주류 이론을 이루었다.

제8강
지식의 제1원리

지적知的 야망이 큰 사람이 철학을 한다는 말이 있다. 고대 그리스 탈레스Thales는 모든 사물을 꿰뚫는 단 하나의 원리를 탐구하겠다면서 만물의 근원이 물이라는 주장을 내세우며 철학의 역사를 시작했다. 19세기 독일의 니체F. W. Nietzshe는 삶에 대한 열망 또한 대단해서 철학자라면 존재 세계 전체와 홀로 맞설 수 있어야 한다고 부르짖기도 했다. 거대한 지적 작업을 정교한 방식으로 가장 철저히 전개한 철학자의 대표는 아마도 17세기 프랑스의 데카르트René Descartes일 것이다. 그는 당시까지 받아들여진 지식의 체계를 모두 회의懷疑해 본 후, 의심의 여지없이 명백한 철학(또는 지식)의 제1원리를 찾아 그것을 기반으로 지식의 체계를 새로 세우려 시도했다.

데카르트는 서양 중세시대 끝자락에 태어나 당시 엘리트 교육 기관이었던 신학교에서 교육받았다. 학교를 졸업하고 여러 해가 지난 후 그는 수 세기 동안 유구한 전통으로 내려오던 그곳의 교과목 내용을 하나하나 검토해 보았다. 그러면서 그는 자신이 오랫동안 배워 알게 된 지식 가운데 어느 하나도 의심의 여지없이 확실한 것은 아무것도 없다고 회의하게 되었다. 우리가 가진 지식을 올바로 정립하려면 최소한의 의심도 허용치 않는 확실한 지식을 토대로 그 위에 지식의 체계를 새로 세워야 했다. 그러나 그는 그런 지식에 접한 적이 없었고 또 쉽게 새로 찾을 수도 없었다. 그래서 그는 어느 날 주위를 모두 물리고 팔걸이의자에 홀로 앉아 명상을 시작했다. 차분한 철학적 사색思素을 통해 확고부동한 지식의 제1원리를 찾아 지식의 체계 전체를 다시 정립하기 위해서였다.

우리는 추호도 의심할 수 없는 제1원리가 무엇인지 모르기 때문에 무턱대고 그냥 찾아 나설 수는 없다. 이럴 때는 일단 우리가 가진 지식 가운데 의심스러운 것들을 제거해 나가는 방법을 시도해야 한다. 제거되지 않고 끝까지 남는 것을 찾을 수 있다면 그것이 확실한 제1원리가 될 것이다. 그런데 우리가 가진 지식의 양은 너무도 방대하여 그것을 하나하나 따져 나가다가는 한 생을 다 바쳐도 모두 검토할 수 없을 것이다. 이토록 포괄적이고 철저한 의심 작업을 효율적으로 진행하려면 어떻게 해야 할까? 데카르트는 우리가 가진 지식을 그것을 구성하는 원리에 따라 몇 가지 종류로 구분하고, 그 원리가 의심의 여지를 허용하는가를 검토하는 방법을 택한다. 특정 종류의 지식을 구성하는 원리가 조금이라도 의심스러우면 그 원리를 통해 만들어진 지식도 모두 의심스러운 것으로 판단한다.

　데카르트의 첫 번째 검토 대상은 우리에게 가장 익숙한 감각적 지식이다. 지식의 총량에서 오감五感을 통해 획득한 정보 내용이 절대적으로 많다는 것은 부인할 수 없다. 우리가 깨어 있는 동안 외부 세계에 관한 정보가 감각을 통해 끊임없이 흘러들어오고 우리는 그 정보를 처리하며 지식을 축적해 나간다. 그렇지만 감각이 우리를 속였던 경험은 누구에게나 있다. 추운 겨울날 오랫동안 밖에 있다가 실내에 들어오면 갑자기 후끈하다는 느낌을 받는다. 실제 실내 기온보다 높다고 경험하는 것이다. 찬물에 차가워진 손을 넣으면 미지근하게 느끼게 되고, 손이 따뜻해져야 점차 정상적인 감각이 회복된다. 건강 상태가 나빠지면 헛것이 보이거나 환청이 들리기도 한다. 이와 같이 감각이 제공하는 정보는 신뢰하기 어렵고, 따라서 감각을 통해 얻은 지식은 모두 의심의 여지가 있다고 판단해야 한다.

데카르트가 지적하지는 않았지만, 나는 학생들에게 감각이 단지 기만할 뿐 아니라 근본적으로 불완전하다는 것을 보여 주는 예를 하나 제시한다. 먼저 화이트보드에 아주 작은 점의 크기로 돛단배를 하나 그린다. 나와 거리를 두고 앉아 있는 학생들이 무엇인지 알 수 없을 정도로 작다. 그리고 질문한다.

여러분은 이것이 무엇인지 알아볼 수 있는가?

아무도 답변하지 못한다. 그러면 나는 그것이 아주 멀리 떨어져 있는 돛단배라고 말하며 쉽게 구별할 수 있는 크기의 그림을 하나 더 그리며 덧붙인다.

완벽한 감각을 지닌 신神에게는 같은 크기의 배가 거리에 따라 그 모양이 달라 보이지 않을 것이다. 그런데 불완전한 감각 능력을 가진 우리에게는 동일한 크기의 물체도 거리에 따라 크기가 달라 보인다. 이와 같이 우리의 감각은 근본적으로 믿을 만하지 못하다.

철학적 사고력을 발휘해야 이해되는 이야기지만 대부분의 학생은 고개를 끄덕인다.

데카르트는 우리 지식의 많은 부분을 차지하는 감각적 지식을 못미더운 것으로 제쳐둔다. 동시에 그는 감각을 통해 확인해야 하는 마음 밖 외부 세계의 존재도 회의하게 된다. 이제 바깥 세계의 존재에 대한 지식도 폐기해야 할 지경이다. 그러면서 스스로 묻는다.

그렇지만 지금 내가 바로 여기 앉아 있다는 사실은 확실하지 않은가? 이것을 의심할 수는 없지 않은가?

그러나 그는 곧 우리가 너무도 생생한 꿈을 꾸며 꿈인지, 생시인지를 구분하지 못한 적이 얼마나 많았던가를 상기하며 그가 팔걸이의자에 앉아 있다는 사실조차도 확실하지 않다고 여긴다. 한편 그는 우리가 눈을 감고 침대에 누워 있더라도 팔다리가 어디에 있는지 그냥 안다며 그런 지식은 확실하지 않을까 다시 자문한다. 그러나 곧 전쟁터에서 팔을 잃은 병사가 수십 년이 지나도 이미 잃어 없는 팔에서 통증을 느낀다고 호소하는 환상통(phantom pain) 현상을 지적하며 그런 지식도 의심이 가능하다고 판단한다.

그렇지만 수학적 지식은 꿈에서조차 의심할 수 없지 않은가? '2+3=5'라는 수학의 진리를 어떻게 의심할 수 있다는 말인가? 스스로 물은 이 질문에 답하고자 데카르트는 그 유명한 '사악한 악마(evil demon)'의 존재 가능성을 제시한다. 이 시나리오를 통해 그가 확실한 지식을 발견하기 위하여 방법론으로 제시한 회의懷疑 프로젝트가 그 절정에 다다른다.

만약 전능한 악마가 있고 그가 모든 힘을 기울인다면 내가 '2+3'을 마음속에 떠올릴 때마다 실제로는 7이 답인데 5가 답이라고 생각하게 만들 수 있을 것이다. 그렇다면 이런 수학적 진리조차도 의심의 여지를 허용한다.

데카르트는 악마의 시나리오를 통해 수학적 지식도 확실하지 못한 것으로 회의하여 제외한다. 그런데 가장 믿을만하다고 여겨지던 수학적 진리조차도 의심하던 순간 그는 문득 깨닫는다.

내가 전능한 악마에게 기만당하고 있을 수도 있다고 의심한다면, 그렇게 생각한다면, 나는 존재해야 한다. 존재하지도 않는다면 기만당할 수도 없다. 내가 '나는 있다, 나는 존재한다'고 의식(생각)하는 한 나는 분명 존재한다. 이것은 결코 의심할 수 없다.

그래서 데카르트는 '나는 있다, 나는 존재한다'는 지식을, 즉 자신의 존재에 관한 확신을 철학(지식)의 제1원리로 삼는다. 그의 통찰은 나중에 우리에게 잘 알려진 '나는 생각한다. 그러므로 나는 존재한다'는 명제로 정리된다.

혹자는 신도 아니고 사회도 아닌 자신의 존재를 제1원리로 삼은 데카르트의 주장을 서구 개인주의의 철학적 출발점으로 보기도 한다. 자신의 존재에 대한 확신을 모든 지식의 체계를 다시 세울 기반으로 삼은 그의 다음 목표는 신의 존재 증명이었다. 그는 다음의 두 논증으로 신의 존재를 증명하려 한다.

1. 신은 완전하고 무한하지만, 인간은 불완전하고 유한하다. 인간은 신의 피조물로서, 신은 인간 존재의 원인이다. 창조의 결과인 인간은 결코 창조주인 신의 완전하고 무한한 속성을 가늠할 수 없어야 한다. 그럼에도 불구하고 그런 인간이 완전하고 무한한 신의 개념을 선천적 지식(innate idea)으로 가지고 있다. 이것은 신이 자신에 대한 개념을 우리 영혼(마음) 속에 심어 주었기 때문에 가능하다. 따라서 신은 존재한다.
2. 신은 완전한데, 존재하지 않는다면 완전할 수 없다. 따라서 신은 존재한다.

첫째 논증은 (1) 원인이 결과보다 위대하며, 또 (2) 우리가 신에 대한 개념을 선천적으로 가지고 있다는 주장을 받아들여야 가능하기 때문에 오랫동안 논란의 대상이 되어 왔다. '나비효과'에 대해 알고 있는 우리는 작은 원인이 상상도 못할 큰 결과로 이어질 수 있다고 보고 있고, 또 이 세상에는 기독교적인 신에 대한 선천적(?) 개념이 없는 문화권도 많다. 둘째 논증은 서구에서는 별 문제가 없다고 보아 그다지 논의하지 않지만, 존재에 구속되지 않아야 완전한 열반(nirvana)에 이른다고 보는 불교적 관점에서는 신통치 않아 보인다.

신의 존재를 증명(?)한 데카르트는 한 걸음 더 나아가 마음 밖 외부 세계의 존재도 증명한다. 우리는 신이 우리 마음 속에 심어 준 그에 대한 선천적 지식을 통해 그가 자비롭고 선하다고 알고 있다. 그리고 우리는 감각기관을 통해 외부 세계의 존재를 알게 된다. 이 감각기관은 신이 우리에게 준 선물인데, 선한 의지를 가진 신이 우리에게 준 선물로 우리를 기만할 리가 없다. 그래서 우리 마음 밖 외부 세계는 이렇게 믿을 만한 감각 경험이 우리에게 말해 주는 바와 같이 존재할 것이 분명하다. 간혹 예외적인 경우에 그 정보 내용이 다소 왜곡될 수는 있어도, 외부 세계가 감각 경험이 말해 주는 것처럼 실제로 존재한다는 점에는 더 이상 의문의 여지가 없다.

데카르트는 그의 방법론적 회의를 통해 모든 것을 철저히 의심한 끝에 얻은 자신의 존재에 대한 지식을 기반으로 삼고 나아가 신의 존재를 증명하고, 신의 존재에 대한 증명을 토대로 우리 마음 밖 외부 세계의 존재도 증명한다. 이렇게 나, 신, 그리고 외부 세계의 존재를 차례로 정립함으로써 존재 세계 전체에 대한 지식의 체계를 세우는 프로젝트를 완성한다. 그의 지적 작업이 얼마나 성공했는가의 여부를 떠나 그의 프로젝트는 존재 세계와 그에 대한 인식 가능성에 대해 철학이 지향하는 가장 근본적이고 포괄적인 접근법의 좋은 예를 보여 준다.

제9강
경험과 지식

오늘날 우리 일상에서 선천적 지식의 존재를 언급하는 경우는 거의 없다. 그런데 서양에서는 고대 플라톤 이래 중세의 스콜라학파 그리고 근대의 데카르트에 이르기까지 진정한 지식은 선천적 지식뿐이라는 주장이 주류를 이루었다. 예를 들어 논리학과 수학이 보여 주는 진리는 필연적으로 참인데 그 이유는 이 진리가 선천적으로 주어진 법칙(공리公理)들을 토대로 도출되기 때문이라는 것이다. 이런 필연성은 '하늘은 푸르다'나 '해는 동쪽에서 뜬다'와 같이 경험적으로 획득한 지식으로는 확보할 수 없다. 하늘은 푸르지 않을 수 있고, 또 해도 서쪽에서 뜨는 것이 논리적으로 불가능하지 않기 때문이다. 그래서 선천적 지식만이 필연적 진리다.

17세기 말 영국 철학자 로크는 선천적 지식의 존재를 정면으로 부정하는 논리를 전개한다. 그는 모든 지식은 경험으로부터 나온다고 주장하며 우리의 마음을 '글이 쓰여 있지 않은 흰 종이(tabula rasa)'에 비유한다. 우리의 경험이 이 흰 종이에 새로 글을 쓰게 한다. 그래서 감각을 통한 관찰과 마음속에서 이 관찰된 데이터를 다루는 성찰省察 작용이 우리의 지식을 구성하게 된다. 이러한 로크의 견해를 상세히 살펴보기 위해서는 먼저 그의 선천적 지식의 존재에 대한 반대 논증을 검토할 필요가 있다.

선천적 지식론자들은 모두가 보편적으로 동의(universal assent)하는 것들이 존재한다는 점을 지적하면서 지식의 선천성을 주장한다. 우리는 '존재하는 것은 존재한다', '모든 것은 스스로와 동일하다', '어떤 것도 존재하면서 존재하지 않을 수 없다', '장미는 붉거나 붉지 않다', '둥근 사각형은 존재하지 않는다' 등의 명제에 모두 동의한다. 선천적 지식론자들은 이런 지식이 우리에게 선천적으로 주어져 있지 않다면 어떻게 그런 보편적 동의가 가능하겠냐고 주장한다. 그러나 로크는 보편적 동의가 있다고 해서 그것이 그런 지식의 선천성을 증명하지는 않는다고 잘라 말한다. 그 이유도 설명하지 않고 그렇게 단언한다. 그래서 나는 학생들에게 그 이유가 무엇일 것 같으냐고 질문한다. 그러면 언제나 한두 학생이 답변한다.

우리 모두가 그것들을 보편적으로 배웠기 때문에 보편적 동의가 있을 수도 있습니다. 우리 일상에서 또는 학교에서 직간접적으로 배웠을 법합니다. '삼각형의 내각의 합은 180도'라는 기하학적 진리에 보편적 동의가 있지만 우리는 이것을 선천적으로 알고 있지는 않았습니다. 또 북대서양이 미국과 유럽 사이에 있다는 데 모두가 동의하지만 그것이 결코 선천적 지식은 아닙니다.

소크라테스와 플라톤이라면 '삼각형의 내각의 합이 180도'라는 것을 문답을 통한 산파술로 이끌어내며 그 지식 또한 선천적이라고 주장하겠지만, 내 학생들은 이런 지식이 선천적이 아니라고 단호히 답변한다. 그리고 논리학과 수학의 영역을 벗어나면 우리가 선천적이라고 고려해 줄 만한 지식은 찾기 어렵다.

로크는 한 걸음 더 나아가 아이들이나 천치들(idiots)은 이런 진리를 전혀 이해하지 못한다고 지적하면서 이 진리들에 대한 보편적 동의가 실제로는 가능하지 않으며, 따라서 선천적 지식은 존재하지 않는다고 비판한다. 위에서 든 예들에 관한 지식이 선천적으로 주어지는 것이라면 우리는 그것들을 의식하고 그 명제들에 모두 보편적으로 동의할 것이다. 그러나 어린아이들은 말을 할 줄 알더라도 논리학과 수학의 기본 법칙들을 이해하지 못한다. 그리고 지적 능력에 제약이 있는 사람들로부터도 이 법칙들에 대한 동의를 구할 수 없다. 지식이 선천적이라면 이런 예외가 없어야 할 것이다.

한편 로크는 반대자의 입장에 서서도 스스로의 답변에 대해 비판해 본다. 어린아이들은 아직 체력이 약하고 지적으로도 충분히 성장하지 못했다. 그런 아이들에게 논리학과 수학의 법칙들에 대하여 성인에게나 가능한 수준의 이해를 기대하는 일은 옳지 않다. 그리고 천치들은 지적 능력에 제약이 있어서 타고난 지식을 제대로 의식하지도, 또 활용하지도 못하는 사람들이다. 이들에게 정상적인 성인의 이해력이 없다고 해서 선천적 지식이 존재하지 않는다는 것은 아니다. 그래서 아이들과 천치들은 철학 논쟁에서 사용할 수 있는 공정한 반례들이 아니다. 그러므로 로크의 반박은 결정적이지 못하다.

로크는 이 반론에 다시 한 번 더 반박한다. 정상적인 지적 능력을 가지더라도 교육을 받지 못해 문맹인 무지無知한 사람들과 야만인들은 성인이 된 다음 오랜 세월이 지나도 논리학과 수학의 법칙들을 단 한 번도 의식에 떠올려 생각해 보는 적이 없다. 꿈에도 상상하지 못한다. 만약 그런 법칙들이 진정으로 선천적 지식이라면 이런 일들은 불가능할 것이다. 그러므로 선천적 지식의 존재를 받아들일 수 없다. 지난 25년 동안 가르친 내 미국 학생들은 거의 모두 로크에 동의하며 서구에서 플라톤 이래로 데카르트까지 이어져 내려온 지식의 선천성에 대한 견해를 받아들이기 거부했다.

경험은 특정 시간, 특정 장소에서, 특정 사람에게 생긴다. 모든 경험은 구체적이다. 우리는 경험을 통해 특정 사실들에 관한 데이터를 얻는다. 그러나 그럴 뿐이다. 경험 자체는 우리에게 법칙을 직접 말해 주지 않는다. 그런데 우리 마음은 감각을 통해 경험된 자료들이 가진 공통성을 바탕으로 보통 명사를 만들고, 그것을 토대로 일반 문장들을 지어낸다. 예를 들어 가구의 일종으로 우리가 앉을 수 있는 물건들이 있는데, 이것들은 재료도 나무, 플라스틱, 쇠 등으로 다양하고, 모양도 둥근 것, 긴 것, 네모난 것 등 각양각색이다. 그러나 다리가 있어야 하고, 또 우리가 앉기에 불편함이 없어야 한다. 우리 마음은 이런 공통점을 가려내어 최소한의 조건을 충족시키는 가구를 '의자'라는 보통 명사로 부르게 하였다. 그리고 마음은 '의자는 다리를 가진 가구로서 우리가 앉는 데 사용한다'라는 일반 문장을 만들어 법칙으로도 사용한다. 비록 경험은 언제나 구체적인 특정한 사물에 한정되지만 마음의 작용은 이러한 일반 문장을 만들어내고 법칙을 이해하게 해 준다.

한편 로크는 우리가 선천적인 인식 능력을 가지고 있다는 것까지 부정하지는 않는다. 우리는 인지 능력을 타고나기 때문에 감각을 통한 경험으로 얻은 자료를 바탕으로 일반적 지식을 형성하고, 또 과학을 발전시켜 나갈 수 있다. 그러나 주의할 점이 있다. 지식을 획득할 선천적 능력이 있다는 것과 선천적 지식을 가지고 있다는 것은 엄연히 다르다는 것이다. 그렇지 않고 둘이 같다면 누구나 선천적 능력을 가지고 있으므로 모두가 선천적으로 지식을 가지고 있다는 잘못된 결론에 도달하게 되기 때문이다. 경험주의 전통에 서 있는 철학자들도 모두 인간의 선천적 인지 능력을 인정한다.

선천적 지식의 존재를 부정한 로크의 논증을 설명한 후 나는 철학의 역사에서 아직도 만족스러운 해결책을 찾지 못한 난제 하나를 소개한다. 바로 '유아론唯我論(solipsism)'이다. 이것은 경험주의자인 로크뿐만 아니라 선천적 지식의 존재를 주장한 데카르트도 공히 겪을 수밖에 없는 문제였다. 나는 20세기 중반 미국 철학자 퍼트남Hilary Putnam이 사용한 예를 소개하며 유아론의 요점을 설명한다.

여러분의 급우 니콜라스는 지금 여기 앉아서 한국어 억양을 가진 교수의 서양철학개론 강의를 듣고 있다고 믿고 있다.

그런데 실상은 어젯밤 니콜라스가 깊이 잠들어 있을 때 지구를 지나가던 짓궂은 외계인 과학자들이 니콜라스의 침실에 들어가 그의 뇌를 살짝 꺼내 왔다. 그러고는 영양소가 그득한 액체를 담은 커다란 병에 그 뇌를 넣어 뇌가 생존하며 정상적으로 작동할 수 있는 환경을 만들어 놓았다. 또 이 뇌에 여러 전극을 꽂아 그들의 슈퍼컴퓨터에 연결시켜 놓았는데, 슈퍼컴퓨터는 니콜라스의 뇌가 마치 그가 지금 이 강의실에 앉아 강의를 듣고 있도록 느끼는 방식으로 신호를 조작하며 뇌와 정보를 주고받는다. 자, 이제 여러분에게 질문한다. 니콜라스의 뇌는 자신이 이 강의실에 앉아 있지 않고 실제로는 큰 병 속에 전극을 꽂은 채 놓여 있다는 사실을 알 수 있을까?

학생들은 모두 알 수 없다고 답변한다. 나도 동의한다. 그런데 정말로 참혹한 것은 이 가능한 시나리오가 니콜라스뿐 아니라 나를 포함해 강의실에 있는 모든 학생 하나하나에 똑같이 적용된다는 문제다. 아무도 자신이 병 속에 있는 뇌가 아니라고 확신할 수 없다. 실은 나와 내 학생들뿐 아니라 이 책을 읽고 있는 독자도 마찬가지다. 전 세계 모두에게 동일한 시나리오가 적용 가능하다.

유아론이란 우리가 존재한다고 분명히 말할 수 있는 것

은 나 자신과 나 자신 안에 있는 관념들뿐이라는 주장이다. 병 속의 뇌가 슈퍼컴퓨터가 보낸 신호로 온갖 감각 경험을 다 갖더라도 그런 경험의 대상들이 마음 밖 외부 세계에 실제로 존재하지는 않는다. 그런데 문제는 우리 모두도 근본적으로 이 뇌와 마찬가지의 상황에 있다는 것이다. 우리는 감각 경험을 통하지 않고서는 마음 밖 세계의 존재를 확인할 길이 없다. 그런데 이런 감각 경험은 외부로부터 오지 않고 우리 마음속에서 자생적으로 일어날 수도 있다. 아주 생생한 꿈속에서 우리는 많은 것들을 보고 듣고 느끼지만, 그것들은 모두 우리 마음속에서 스스로 생겨난다. 신이나 악마 같은 존재의 원격 조종에 의해서, 또는 불가해한 자연의 섭리에 의해 이런 경험들이 마음속에서 자발적으로 생겨날 가능성을 원칙적으로 배제할 길은 없다. 그래서 내가 존재한다고 확신할 수 있는 것은 단지 내 마음과 마음 안에 있는 관념들뿐이다. 마음 밖 외부 세계의 존재를 의심의 여지 없이 확인할 길은 원칙적으로 없다. 외부 세계에 속하는 다른 사람의 마음의 존재 또한 확실히 알 길이 없다. 이것이 철학이 해결하지 못한 유아론의 문제다.

제10강
이성과 경험의 화합 1

칸트의 인식론과 형이상학은 교양 서양철학개론 시간에 가르치기 어렵다. 나는 가끔 학생들에게 '이렇게 어려운 내용의 철학을 그토록 난해한 문장으로 책을 써서 수백 년 동안 후대의 사람들을 고생시키고 있는 칸트는 분명 지옥에서 큰 벌을 받고 있을 것'이라고 농담하며 수업을 시작한다.

나는 조교수 시절, 칸트의 철학을 전공한 같은 과의 선배 교수에게 교양철학 과목의 일부로 칸트를 어떻게 가르치면 좋겠냐고 조언을 구한 적이 있다. 그 교수의 답변이 재밌었다. '가장 좋은 방법은 개론 시간에는 칸트를 가르치지 않는 것.' 가르치기도, 배우기도 어려우니 나중에 상급생들이 듣는 철학 과목에서나 가르치라는 말이었다. 그러나 나는 내 강의 수준에 욕심이 있고, 또 학업에 대한 내 학생들의 진지한 태도를 믿기 때문에 언제나 칸트의 철학을 가르쳐 왔다. 다행히 지금까지 어떤 학생도 이 점에 불만을 표시한 적은 없다.

18세기 말 독일의 철학자 칸트는 흔히 유럽 대륙의 합리론과 영국의 경험론을 종합하여 서구의 근대철학을 완성했다고 평가된다. 17세기 프랑스와 독일의 철학자들은 감각을 통한 경험보다는 선천적 지식을 중요시하며 이성理性을 신뢰하고 그 능력의 발휘에 초점을 맞추었다. 이와는 대조적으로 17세기와 18세기 영국 계통 철학자들은 감각적 경험이 모든 지식의 토대이며 출발점이라고 강조한다. 칸트는 자신의 철학적 관점에서 마치 평행선을 달리는 듯 보였던 이 두 전통의 장점을 추려 새로운 철학 체계를 완성한다. 그의 명저 『순수이성비판』은 이와 같은 그의 인식론 및 형이상학 연구의 결정판이다.

칸트의 저술은 문장이 난해해 읽기 어렵다고들 하는데, 그가 사용한 단어나 표현도 생소한 것들이 많다. 그래서 나는 학생들에게 먼저 그의 책 제목의 의미부터 설명한다.

『순수이성비판』에서 '비판'이란 '비난'을 의미하지 않는다. '비판'은 원래 철학자들의 용어로서 '어떤 주장을 맹목적으로 받아들이지 않고 그것이 참이란 근거를 검토하는 지적 작업'이라는 뜻이다. 그래서 '비판적'인 사람은 만사에 반대만 하며 불만에 가득한 '부정적'인 사람과는 전혀 다르다. 오히려 어떤 주장도 그대로 받아들이지 않고, 그 근거를 따져 본 후 받아들일 것만 받아들이는 지적으로 신중한 사람이다.

학생들은 동의하며 고개를 끄덕인다. 그러면 나는 '순수이성'이 무엇인가를 소개한다.

서양에서는 고대 그리스로부터 인간의 정신 세계를 지知·정情·의意 세 영역으로 나누어 왔다. 순수이성은 여기서 '지'에 해당하는 능력을 말하는데, 우리가 자연 세계를 경험하고 연구할 때 작동하는 이론 이성을 지칭한다. 『순수이성비판』은 이러한 이론 이성 능력이 어떻게 작동하고, 또 어느 한계까지 그 능력을 신뢰할 수 있는가에 대한 칸트의 철학적 연구 결과이다. 한편 인간의 도덕 의지와 그 실천 능력(의)에 관련된 그의 저서 제목은『실천이성비판』이고, 그의『판단력비판』은 미학美學(정)에 대한 연구이다.

칸트의 3대 비판서 제목의 의미를 설명하는 데만도 10여 분 이상을 소요한 후 나도, 학생들도 칸트의 철학을 이해하는 수업이 얼마나 진지해야 하는가를 깨달으며 함께 웃는다. 미국인들은 아무리 힘들어도 인상을 찌푸리기보다는 언제나 긍정적으로 생각하며 웃는 편을 택해서 좋다.

이제 『순수이성비판』의 구체적인 연구 주제에 대해 살펴볼 차례다. 칸트는 이 주제를 '선험적 종합명제는 어떻게 가능한가?'라는 질문으로 요약한다. 그의 책 제목의 의미도 까다로웠는데, 이제 그 연구 주제의 의미도 구체적인 설명이 필요하다. '선험적', '종합', 그리고 '명제'란 각각 무엇인가?

나는 '명제'의 의미부터 설명하기 위해 화이트보드에 '비가 온다'를 뜻하는 3개 국어 문장을 쓴다.

'It rains.'
'Es regnet.'
'비가 온다.'

이 영어와 독일어, 그리고 한국어 문장은 모두 같은 무엇을 가리킨다. 무엇인지 알 듯하지만 구체적으로 손에 잡히지는 않는 그 같은 것이 바로 명제(proposition)다. 현대 언어철학에서는 이런 명제가 구체적인 언어로 표현된 것이 문장(sentence)이고, 어떤 문장이 참 또는 거짓으로 주장되면 그것을 진술(statement)이라고 한다. 우리 강의에서는 서술의 편의

상 명제와 문장 그리고 진술을 동일한 것으로 간주하고 논의를 전개하겠다.

나는 이 강의를 시작할 때 학생들에게 칸트의 인식론과 형이상학이 이번 학기 모든 강의 가운데 가장 진지한 논의가 될 것이라고 미리 예고했는데, 학생들은 고맙게도 정신을 바짝 차리고 눈을 빛내며 잘 따라와 준다. 그러면 나는 신이 나서 또 다른 개념 정리를 시도한다.

칸트는 명제를 분석명제와 종합명제로 분류한다. 분석명제란 '총각은 결혼하지 않았다'나 '흰 꽃은 희다'와 같이 술어述語의 개념이 주어主語의 개념에 포함된 것을 말한다. '총각'은 '결혼하지 않은 남자'이므로 '결혼하지 않은 남자는 결혼하지 않았다'는 명제는 필연적으로 참이다. 그렇지만 이런 분석명제는 단지 표현과 표현이 가진 의미 사이의 관계를 말할 뿐이어서 우리에게 세계에 대한 새로운 정보를 제공해 주지는 못한다. 그리고 '총각은 결혼했다'처럼 분석명제를 부정否定하면 '결혼하지 않은 남자는 결혼했다'고 말하게 되어 스스로 모순에 빠지고 만다. 이와 같이 분석명제에는 논리학의 모순율이 작동한다.

한편 종합명제란 분석명제가 아닌 다른 모든 명제를 가리킨다. '하늘은 푸르다'와 '지구는 둥글다'와 같은 종합명제에는 술어의 개념이 주어의 개념에 포함되어 있지 않다. 지구에서는 하늘이 푸르지만, 화성이나 금성에서는 하늘 빛깔이 다르다. 만약 '푸르다'는 개념이 '하늘'의 개념에 포함되어 있다면 불가능해야 하는 이야기다. 또 우리는 지구가 둥글다고 알고 있지만 고대인들은 지구가 평평하다고 믿기도 했다. 여기서도 술어가 주어에 포함되어 있었다면 이런 차이가 나올 수는 없다.

종합명제는 주어와 술어의 개념이 새로 결합(종합)되어 만들어진다. 개념들이 올바로 합쳐지면 우리에게 새로운 정보를 더해 준다. '하늘'과 '푸르다', 그리고 '지구'와 '둥글다'가 종합되어 세계에 대한 우리의 지식이 확장된다. 한편 참인 종합명제는 그것을 부정하면 비록 그 명제는 거짓이 되지만 모순이 되지는 않는다. '하늘은 푸르지 않다'는 주장은 지구에서는 거짓인데, 그렇다고 이 문장에 어떤 논리적 모순이 있는 것은 아니다. '해는 동쪽에서 뜨지 않는다'와 '지구는 둥글지 않다'도 마찬가지다. 그래서 분석명제와는 달리 종합명제에는 논리학의 모순율이 작동하지 않는다.

『순수이성비판』의 주제가 '선험적 종합명제가 어떻게 가능한가?'인데, 이제 우리는 '선험적'의 의미만 더 배우면

이 주제를 이해할 수 있게 된다. 수업이 한참 진행되었는데도 아직 이번 강의 주제의 의미조차 다 설명되지 못했으니 칸트의 철학이 얼마나 '강적'인가를 새삼 되새기며 학생들과 함께 웃는다.

> '선험적先驗的(a priori)'이라는 말은 '(감각적) 경험에 선행하는' 또는 '(감각적) 경험으로부터 독립적인'이라는 뜻이다. 이것은 경험에 시간적으로 선행한다는 의미도 있지만, 그보다는 경험을 구성하기 위해 '논리적으로' 선행한다는 의미가 더 강하다. 내가 '논리적으로'라고 표현한 이유는 이보다 달리 더 적당한 말을 찾기가 어려워서인데, 그 의미는 다음 강의에서 분명해질 것이다.

인식 과정에 있어서 경험에 선행해 존재하며 인식 내용을 구성하게 하는 것은 우리에게 필연적(necessary)으로 다가올 수밖에 없다. '필연적'이란 '달리 될 수 없는'이란 의미인데, 인식이 성립되었다면 이미 인식의 선험적 요소가 작동해서 가능했을 것이고, 이런 선험적 요소는 이미 성립된 인식에서 어찌 달리할 수 없기 때문이다. 그래서 칸트에 있어서 '선험적'인 것과 '필연적'인 것은 분리될 수 없다. 그들은 외연外延이 같다. 한편 '경험적(a posteriori)'이란 '경험을 통한'이라는 뜻이다. '*a posteriori*'를 그 라틴어 의미를 살려 '후험적後驗的'이라고 번역할 수도 있는데 이것은 결국 '경험적'이라는 말과 같은 뜻이다.

이제 드디어 우리는 '선험적 종합명제가 어떻게 가능한가?'라는 질문의 의미를 이해할 수 있게 되었다. 모든 분석명제는 감각적 경험과 상관없이 그 진위眞僞가 가려지기 때문에 반드시 선험적이다. 한편 '하늘은 푸르다'와 같은 종합명제는 경험적으로 그 참·거짓이 밝혀진다. 그런데 칸트는 종합명제임에도 불구하고 선험적으로서 그것이 필연적인 진리가 있다고 주장한다. 그는 당시 최고의 진리 체계라고 여겨지던 순수수학과 뉴턴의 역학이 바로 선험적 종합명제로 되어 있다고 판단한다. 그러면서 그는 '선험적 종합명제가 어떻게 가능한가?'라는 질문을 통해 '순수수학과 역학의 명제들이 어떻게 필연적 진리인가?'를 규명하고자 한다. 칸트는 철학의 사명을 새로운 진리를 직접 발견하는 것이라기보다는 수학이나 물리학같이 최고의 학문성을 자랑하는 학문이 과연 어떻게 진리의 체계일 수 있는가를 연구하는 작업으로 정의한다.

칸트가 예로 든 선험적 종합명제는 '7+5=12'와 같은 산수의 명제다. 이 등식은 감각적 경험과는 독립적으로 그 참·거짓이 가려지므로 이것이 선험적 명제라는 점은 분명하다. 그런데 칸트에 의하면 '7+5'라는 주어의 개념을 분석해도 '12'라는 술어의 개념이 도출되어 나오지 않는다. 따라서 이 등식은 분석명제가 아니라 종합명제라고 보아야 한다고 주장한다. 그는 더 큰 숫자를 써서 '135+2,798=2,933'과 같은 등식을 예로 들어 보면 이 점이 더 분명해진다고 설명한다. 이와 같이 순수수학과 물리학의 명제들은 선험적 종합명제인데, 선험적이기 때문에 필연적으로 참이면서도 분석명제와 달리 종합명제이기 때문에 우리에게 새로운 정보를 전해 준다. 그래서 '선험적 종합명제가 어떻게 가능한가?'에 대한 연구가 중요한 것이다. 현대의 철학자 대부분은 수數를 정의하는 방식에 따라 '7+5=12'를 분석명제로 보아야 옳고, 특히 '(7+5)는 12가 아니다'라고 원래의 명제를 부정하면 모순에 빠진다고 판단하며 칸트의 예가 잘못되었다고 생각하기도 한다. 그러나 칸트의 체계가 가진 철학적 통찰의 중요성을 부정하는 철학자는 아직 접해 본 적이 없다.

제11강
이성과 경험의 화합 2

지난 강의에서 칸트의 『순수이성비판』의 주제인 '선험적 종합명제는 어떻게 가능한가'의 의미를 논했으니, 이제 칸트가 지식을 획득하는 올바른 인식 과정을 어떻게 설명했는지 살펴보겠다. 그에 의하면 우리 인식의 과정은 그것이 무엇인지 알 수 없는 사물 그 자체, 즉 물자체物自體(things in themselves)로부터 시작된다. 나는 '물자체'의 개념을 다음과 같이 장난기를 섞어 설명한다.

여기 여러분이 사랑하는 사람에게 주고 싶은 짙붉은 장미한 송이가 있다. 그런데 여러분의 애완견은 이 장미를 주어도 그 색깔에 매혹되지 않는다. 개는 색맹이기 때문이다. 한편 우리와는 달리 적외선 아래에서도 사물을 구별할 수 있는 부엉이와 인간보다 월등히 좋은 시력을 가진 독수리에게 이 장미는 무척 달리 보일 것이다. 초음파로 물체를 감지하는 박쥐나 영화에 나오는 대로 물체의 표면 온도 차이로 사물을 구별하는 외계인에게는 이 장미가 또 다르게 보일 것이다. 천여 개의 눈을 가지고 있다는 잠자리의 눈으로 보는 장미는 또 어떻게 생겼을까? 자, 이제 질문하겠다. 이 여러 種 가운데 누구의 감각이 이 장미의 모습을 더 잘 보여 주는가?

학생들은 어떤 특정 종이 파악하는 장미의 모습이 다른 종의 경험보다 더 옳다고 말할 수 없다고 답변한다. 그러면 나는 또 질문한다.

그렇다면 장미 그 자체는 어떤 종에게도 알려지지 않는다고 판단해야 옳지 않을까?

대부분의 학생들은 잠시 생각하다가 그렇다고 동의한다. 이것이 바로 칸트가 우리는 사물 그 자체에 대해서는 알 수 없다고 주장한 이유다. 모든 종이 각각의 고유한 감각기관과 특유의 인식 능력으로 사물로부터 온 데이터를 인지하기 때문에 그런 과정을 거쳐 형성된 경험 내용이 모두 다르다. 우리는 단지 그 경험 내용만을 알 뿐이다. 그래서 이런 감관과 인식 구조를 통과하기 이전의 사물 그 자체의 모습은 우리가 알 길이 없다. 다시 말해, 우리의 경험 내용을 구성하는 어떤 사물에 대해서도 우리는 그 사물 자체를 알지 못한다.

이제 칸트가 말하는 직관(intuition), 즉 감각적 경험 또는 표상(sensory representation)을 질서 있게 만들어 주는 우리가 타고난 틀(선험적 직관 형식a priori forms of intuition)이 무엇인지 살펴보자. 미네소타는 위도는 높지만 공기가 맑아 햇빛이 강하고, 겨울에도 눈이 많이 와 눈부신 날이 많다. 그래서 선글라스가 유용하다. 그런데 여러분이 잠든 사이 룸메이트가 장난으로 여러분에게 선글라스를 씌워 놓았다고 가정하자. 눈을 떠 보니 온 세상이 모두 파랗게 보인다. 그러면 쓰고 있는 선글라스는 어떤 색일까? 물론 파란색이다. 모든 사물이 노랗게 보이면 노란 선글라스이고, 빨갛다면 빨간 선글라스이다.

그러면 이제 생각해 보자. 우리의 모든 감각 경험은 시간과 공간 속에서만 이루어진다. 시간과 공간 밖에서는 어떤 감각 경험도 불가능하다. 그렇다면 우리의 감각 경험은 어떤 선글라스(?)에 의해, 즉 어떤 여과 장치의 틀에 의해 형성될까? 칸트에 의하면 그것은 '시간'과 '공간'이라는 선험적인 직관 형식들이다. 파란 선글라스를 통과하며 만물이 파랗게 보이듯이, 시간과 공간이라는 여과 장치를 통과하기 때문에 모든 감각 경험 또는 표상의 내용이 시간과 공간 안에 존재하게 되는 것이다. 그리고 시간과 공간이라는 직관 형식들이 선험적인 이유는 그것들이 감각적 표상이 형성되기 이전에 존재하며 그 형성을 가능하게 만들기 때문이다.

이해하기 쉽지 않은 내용이지만 학생들은 그래도 고개를 끄덕여 준다. 그런데 칸트는 이렇게 우리 인식의 구조 안으로 들어와 형성된 감각적 표상의 내용이 잡다雜多(manifold)하다며 이것은 더욱 구조를 갖추어야 그 내용이 비로소 지식의 영역으로 진입할 수 있다고 한다. 칸트에 있어서 직관 또는 감각적 표상이 어떤 것인가를 이해시키기 위해 나는 다음과 같이 설명한다.

미국 대평원의 북단에 위치하는 미네소타의 서부와 노스다코타는 수백 마일에 걸쳐 언덕 하나 없는 평지다. 여러분이 이 지역을 자동차로 횡단한다면, 직선으로 뚫린 고속도로에서 5~6시간 동안 지루하게 운전해야 한다. 여행의 마지막 단계에 이르게 되면 누구나 피로해져 차창 밖으로 보이는 풍

경에 주의를 기울이지 않아 나중에 아무 기억도 나지 않는다. 그렇지만 이런 광경이 머릿속(마음속)에 들어오는 것은 분명하다. 도로 상황이 갑자기 바뀌거나 하면 우리가 적절하게 반응하며 대처하게 되기 때문이다.

칸트가 말하는 직관 또는 감각적 표상이란 도로에서 아무 일도 일어나지 않을 때 머릿속에 기록되는 시야의 내용 같은 것이다. 분명 머릿속에서 일어나고 있지만 주의를 충분히 기울이지 않기 때문에 무엇이 일어나고 있는지 인지하지 못하며, 나중에 기억도 없다. 이것은 마치 가구 공장에서 사용하는 목재 같은 것으로서, 일단 공장에서 사용할 수 있는 형태로 만들어져 들어왔지만 아직 더 정교하게 가공되지 않았기 때문에 어떤 특정 가구도 아닌 것과 같은 상태이다.

지식의 형성 과정에 있어서 목재와 같은 감각적 표상을 가공하는 도구가 칸트가 말하는 열두 개의 범주範疇(category) 또는 개념(concept)이다. 열두 개념은 크게 네 가지로 분류되는데, (1) 분량 – 단일, 다수, 전체, (2) 성질 – 실재, 부정, 제한, (3) 관계 – 실체와 속성, 원인과 결과, 상호작용, 그리고 (4) 양상 – 가능, 현존, 필연이 그것들이다. 우리 개론 강의에서는 이 열두 개의 개념을 하나하나 설명할 시간도, 또 그럴 필요도 없다. 몇 개만 예를 들어 그것들이 왜 선험적이고, 또 우리

가 경험을 구성하기 위해 왜 이런 개념들이 필연적으로 요구
되는지 살펴보기만 하면 된다.

저기 한 사람이 있다. 그런데 우리는 그 '한', 즉 단일성을 본
적이 있는가? 여기 몇 사람은 청바지를 입고 있다. '몇', 즉 다
수성은 어디에서 왔는가? 이 강의실에 앉아 있는 사람들은
모두 미네소타주립대학교 학생들이다. '모두', 즉 전체성은
어떻게 형성되는가? 칸트에 의하면, 이 모든 개념은 경험으
로부터 나온 것이 아니라 우리가 선험적으로 가지고 있는 도
구들이다. 우리는 직관, 즉 감각적 표상을 정리하고 가공하
여 단순 경험을 올바른 지식의 형태로 완성하기 위해 이 '단
일', '다수', 그리고 '전체'라는 도구들을 사용한다.

예를 하나 더 들자면, 부정否定(negation)의 개념은 자연 세계
에서는 결코 찾아낼 수 없다. '사람은 식물이 아니다'라는 생
각에서 '사람'과 '식물'의 대상은 자연 세계에 존재하지만 '아
니다'는 자연의 어디에서도 결코 그 대상을 찾을 수 없다. 부
정의 개념은 우리가 경험에 질서를 주기 위해 사용하는 필요
불가결한 선험적 도구의 하나로 존재한다.

칸트에게 있어서 아마도 가장 중요한 인과因果의 개념은 '강
물은 상류에서 하류로 흐른다'와 같이 시간적 간격을 두고
생겨나는 사건(event)들 사이의 관계를 규정지어 준다. 자연

과학에서 다루는 인과 법칙의 필연성이 선험적인 열두 개 개념의 하나인 '인과'에 의해 설명된다. 인과의 문제는 우리 강의의 마지막 주제인 과학철학을 소개하면서 다시 다루겠다.

학생들은 칸트가 이 열두 개의 범주 또는 개념의 체계를 어떻게 찾아냈는지 궁금해한다. 그러면 나는 또 예를 들어가며 비유적으로 설명한다.

요즘 영화에서 가끔 다루는 이야기처럼 어느 날 갑자기 바이러스가 창궐해 지구상에서 인류가 소멸했다고 가정해 보자. 그 과정에서 미국의 성문법 체계를 지탱하던 법률을 기록한 책과 컴퓨터 파일 등이 모두 사라진다. 그런데 다행히 이 법률을 토대로 판결된 사례들인 판례에 대한 기록은 그대로 보존된다. 법체계에 관심 많은 일군의 외계인들이 지구를 지나다가 인류가 사라진 것을 보고는 미국에 착륙하여 미국의 법률을 연구하고자 한다. 법률에 관한 기록은 전혀 없고 단지 판례들만 남아 있다. 이 외계인들은 판례를 연구하며 미국의 법률 체계를 재구성하려 한다. 여러분은 이 외계인들의 작업이 성공할 것으로 보는가?

학생들은 모두 그럴 수 있을 것이라고 답변한다. 나도 동의한다. 그러면서 덧붙인다.

칸트의 열두 개념의 기원도 마찬가지로 생각하면 된다. 우리의 사고와 인식의 틀로 작동하며 지식을 구성하는 머릿속(마음속) 열두 개의 개념은 눈으로 보거나 손으로 끄집어낼 수는 없다. 손에 잡히는 것이 아니기 때문이다. 그 대신 우리는 사고가 반영되어 나타나는 구체적 결과인 언어의 속성을 고찰하면 된다. 우리가 언어를 사용하는 방식을 연구하면 그런 방식을 구성하는 사고의 틀을 소급해서 알아낼 수 있기 때문이다. 칸트는 우리가 사용하는 명제의 유형을 크게 네 가지로 나누고, 각각을 세 종류로 분류하여 모두 열두 가지 다른 명제들로 정리한다. 이 명제들로부터 우리의 사고와 지식을 구성하는 열두 개의 범주(개념)를 거꾸로 도출해낸다.

칸트의 『순수이성비판』은 이해하기 쉽지 않은 내용으로 되어 있지만, 그가 사용하는 용어를 하나씩 설명하며 논의의 전개 과정을 차분히 소개하다 보면 학생들에게 어느덧 그의 인식론 및 형이상학의 윤곽이 드러난다. 칸트는 우리가 감각적 표상을 열두 개의 개념으로 정리하여 얻은 경험 내용이 비로소 지식으로 인정된다고 한다. 그러면서 그는 이성 능력이 이러한 경험의 범위를 벗어나 제약 없이 사용되면 황당한 주장을 남발하는 종래의 '독단적 형이상학'으로 귀결된다면서 이를 경계한다. 요즘 말로 하면, 이성 능력도 선線을 넘어서는 안 된다는 것이다.

앞에서도 이미 언급했듯이, 칸트의 철학은 합리론과 경험론을 종합했다고 평가되어 왔다. 선험적 직관 형식으로서의 시간과 공간, 그리고 또 선험적인 사고의 틀로서의 열두 개 개념이 이성 능력 위주의 합리론의 측면을 대표한다고 볼 수 있다. 그리고 감각적 표상으로서의 직관과 그것이 정리된 경험으로서의 지식에 대한 견해가 경험론적 요소에 해당된다. 이런 맥락에서 그는 철학사에서 유명한 명제들을 남긴다.

'우리의 모든 지식은 경험과 함께 시작하지만, 그렇다고 해서 지식이 모두 경험으로부터 생겨나는 것은 아니다.'

이 명제는 선험적 직관 형식과 열두 개의 개념이 있어야 지식이 성립된다는 그의 견해를 요약한다.

'내용 없는 사고는 공허하고, 개념 없는 직관은 맹목적이다.'

칸트는 이 명제로 경험론과 합리론을 종합하고 있다. 독단적 형이상학처럼 경험의 제약 없이 진행하는 사고는 경험적 내용을 결여해 공허하게 되고, 사고되지 않은 감각적 표상은 아무렇게나 늘어놓은 데이터처럼 의미가 없다.

칸트는 그가 철학사에서 '코페르니쿠스적 전회轉回'를 이루었다고 자평한다. 코페르니쿠스Nicolaus Copernicus는 천동설을 지동설로 대체하게 만든 인물이다. 그는 지구가 중심에 있고 태양을 비롯한 천체가 지구의 주위를 회전한다는 종래의 천동설에 반대하며 실은 태양이 중심에 있고 지구가 그 주위를 돈다고 주장했다. 나는 이 이야기를 접할 때마다 당시 사람들이 얼마나 큰 충격에 빠졌을까를 상상해 보곤 한다. 그들은 천지가 뒤바뀐 듯 정말 놀랐을 것이다. 그런데 칸트는 스스로 철학의 연구 대상이 우리가 바라보는 세계가 아니라 그런 세계를 연구하는 우리의 인식 능력과 그 구조라면서 철학적 탐구의 방향을 종전과는 정반대로 돌려놓았다고 평가한다. 많은 철학자들이 이 평가에 동의한다. 흔히 서양철학사에서 가장 위대한 철학자 셋을 고르라면 플라톤과 아리스토텔레스 그리고 칸트를 꼽는데, 그 이유가 여기 있다. 플라톤과 아리스토텔레스는 철학이 태동하던 시기에 스승과 제자로 만나 철학의 정초를 놓았으니 업적을 남기기가 칸트보다 상대적으로 쉬웠을 것이다. 아리스토텔레스와 칸트

사이 2천여 년 동안에는 수없이 많은 철학자들이 활동했다.
그런데도 우리는 칸트를 꼽는다.

존재 ──────────

형이상학

제12강
실재와 그림자

지난 두 강의에서 칸트의 『순수이성비판』의 내용을 소개하며 그의 인식론과 형이상학을 함께 소개했다. 앎에 관한 논의인 인식론(지식론)이 있음(존재)을 연구 주제로 하는 형이상학(존재론)과 분리되기 어렵기 때문이었다. 예를 들어 칸트의 열두 개념은 '선험적 종합명제가 어떻게 가능한가'를 설명하는 그의 인식론을 완성하기 위해 필요하면서, 동시에 그것들은 존재 세계의 특성을 결정짓는다. 이번 강의부터는 있음의 문제에 관해 역사적으로 중요한 논의에 좀 더 초점을 맞추어 소개해 보겠다.

철학은 존재에 대해, 그리고 우리가 존재 세계를 이해하기 위해 사용하는 가장 근본적이고 포괄적인 개념들에 대해 연구를 진행한다. 아리스토텔레스는 이런 논의를 '존재로서의 존재'의 속성에 대한 연구라고 하며 표현은 근사하지만 그 실체가 손에 잡히지 않는 방식으로 말하기도 한다. 우리는 이 말을 '형이상학은 존재를 가장 일반적으로 이해하는 연구'라고 받아들이면 된다. 나는 이런 연구의 중요성을 예를 들어 설명한다.

여기 레오나르도 다빈치의 명화 〈모나리자〉가 있다. 평생을 실험실에서 현미경으로 작업해 오던 연구자가 〈모나리자〉를 과학적으로 철저히 분석해 그 아름다움의 비밀을 완전히 밝히겠다고 나선다. 그는 이 그림을 현미경으로 구석구석 조사한다. 오랜 세월에 걸쳐 그는 〈모나리자〉를 구성하는 물감의 화학적 특성, 그림을 좌표로 나누었을 때 각각 다른 색 물감의 위치, 그림의 무게 등 〈모나리자〉가 가진 모든 물리적·화학적 특성 분석을 마친다. 이제 그는 〈모나리자〉의 아름다움을 완전히 이해하는가?

학생들은 어이없다고 웃으며 고개를 젓는다. 학생들이 옳다. 〈모나리자〉의 아름다움은 정상 시력을 가진 사람이 적당한 거리를 두고 관찰했을 때 자연스럽게 드러나는 것이지, 미시 차원에서 구석구석 잘 보겠다고 현미경을 사용하면 결코 그 아름다움을 발견할 수 없다. 우리는 존재 세계의 특성을 연구할 때 관심사에 따라, 또 주어진 경우에 따라 적절한 관점(perspective)을 가지고 연구에 임해야 한다. 무턱대고 정밀하고 정교하게 찾는다고 해서 세계의 비밀이 다 밝혀지는 것은 아니다.

소립자물리학은 물리 세계를 구성하는 가장 작은 입자와 그 속성을 연구한다. 화학은 원자 및 분자 차원에서 물리 세계를 바라본다. 생물학은 분자들이 모여 탄생한 생명체와 그 속성을 연구 대상으로 한다. 심리학은 의식을 가진 생명체의 심리 상태의 비밀을 밝히고자 한다. 그리고 이런 개체들이 모여 사회를 이루면 사회학의 연구 대상이 된다. 같은 존재 세계라도 어느 차원에서 바라보느냐에 따라 각각 다른 속성이 보여 그 연구 내용이 달라진다. 그래서 각 차원에 맞는 적절한 관점이 필요하다.

실체와 속성 그리고 원인과 결과 같은 궁극적인 개념으로 가장 근본적이고, 포괄적인 차원에서 존재 세계를 이해하려는 철학의 분야가 형이상학形而上學 또는 존재론이다. 물리 세계의 가장 근본적인 차원을 다루는 소립자물리학보다도 더 근본적인 차원이다. 게다가 형이상학은 물리학이 포함할 수 없는 정신 세계 및 영적 세계의 대상들마저도 모두 포괄적으로 연구한다. 물론 그런 것들이 존재한다는 전제 아래에서 말이다. 형이상학이 존재 세계의 가장 일반적인 속성을 다루다보니 논의가 추상적으로 되는 것을 피하기 어렵다. 그렇지만 한편으로는 모든 논의가 존재 세계 전체를 꿰뚫는 진리를 규명하려 하고 있으니 지적 열망을 가진 이들을 자극하기에 형이상학만큼 좋은 주제도 없다.

'형이상학'은 영어로 'metaphysics'인데 이것은 원래 그리스어 'meta ta physika'에서 나왔다. 고대에 아리스토텔레스의 저작을 정리하던 사람들은 중요한 철학적 내용을 가졌지만 제목이 없는 저술을 하나 발견한다. 그들은 이 책을 아리스토텔레스의 자연학에 관한 저작들(physika) 뒤에 놓아 정리하면서 '자연학 뒤에 놓인 책'이라는 의미로 'metaphysics'라고 이름 붙인다. 'meta'는 '뒤(behind)'라는 뜻이다. 철학의 역사상 가장 중요한 저술의 하나에 이렇게 도서관 책들의 배열 번호 같은 이름을 붙였으니 상당히 아쉬울 수밖에 없었다. 그런데 우연히도 그리스어의 'meta'는 '위로 넘어서, 초월하는'이라는 뜻도 가지고 있어서 'metaphysics'라는 이름은 구체적인 물리 세계를 초월한 진리를 연구하는 학문이란 뜻으로 자리 잡게 되었다.

철학의 많은 분야와 마찬가지로 형이상학의 역사도 플

라톤의 저술로부터 시작한다. 그는 그의 대화록『국가』에서 태양의 비유를 통해 모든 이데아의 이해 가능성(또는 가지성可知性)과 실재성實在性의 근원으로서 선善의 이데아(the form of the good)의 존재를 제시한다. 먼저 그의 태양의 비유를 살펴보겠다. 태양은 모든 사물의 가시성可視性(visibility)의 원천이다. 태양 빛이 없다면 사물이 보이지 않기 때문이다. 그런데 그에 의하면 태양은 (생명체뿐만 아니라) 만물을 생성하고 유지시키는 원천이기도 하다. 즉 태양은 사물의 실재성(reality)의 근원이기도 하다.

   태양이 사물의 가시성과 실재성의 원천이듯이, 선의 이데아는 모든 개별 이데아의 가지성(intelligibility)과 실재성의 근원이다. 이 세상에 존재하는 모든 삼각형은 불완전하지만 이것들이 그래도 삼각형으로 인지되어 존재하는 이유는 천상에 있는 진정한 삼각형, 삼각형 그 자체, 삼각형의 이데아의 속성을 나누어 가지기 때문이다. 아름다운 것과 정의로운 행위 등 다른 모든 사물에도 마찬가지 논의가 적용된다. 우리 세계에 존재하는 사물은 천상의 이데아에 의해 그런 사물로 인지되고 존재한다. 그렇다면 바로 이런 이데아들을 이해 가능하게 하고, 또 실재하게 만들어 주는 것은 무엇인가? 태양이 만물을 볼 수 있게 하고 또 실재하게 하듯이, 이데아들도 그것들을 인지하게 하고 또 실재하게 해 주는 어떤 원천이 있어야 하지 않은가? 플라톤은 그 원천을 '선의 이데아'라고 명명한다.

플라톤이 군이 '선(good)'이라는 개념을 도입한 이유를 직관적으로 설명하기가 쉽지 않아서 나는 학생들에게 일단 '선'을 '최선(best)'으로 생각해도 좋겠다고 제안한다. 선의 이데아는 모든 이데아 가운데 최고로 좋은 것이고, 이 대장(boss)격의 이데아가 다른 이데아들을 인지 가능하고 실재하게끔 만들어 준다고 보면 될 것 같아서이다. 후대의 철학자들과 신학자들은 이 선의 이데아를 모든 선善과 지혜, 그리고 존재의 근원인 신神과 동일시하기도 하는데, 나는 플라톤의 논의가 신학적으로는 이렇게 해석될 소지가 있다고 본다. 실은 선의 이데아를 신으로 대체하여 해석하면 플라톤의 논의가 더 쉽게 이해될 수도 있다.

한편 학생들은 간혹 다음과 같이 질문한다.

태양의 비유도 그렇고, 또 선의 이데아도 그렇고 모두 가지성과 실재성의 근원이라고 했습니다. 이렇게 가지성과 실재성이 같이 붙어 다니는 이유가 무엇입니까? 이 둘은 어떤 연관이 있다고 보아야 할까요?

좋은 질문이다. 마치 우리 인식과 존재 사이의 관계를

규명해 달라는 듯, 참으로 거대한 문제에 관한 물음이다. 그러면 나는 또 모처럼 진지한 철학적 논의를 소개할 기회를 갖는다.

철학에서는, 실재하기 위해서는 변화를 만들어 낼 수 있어야 한다는 견해가 종종 제기되어 왔다. 이런 논의는 현대 미국철학에서 특히 많이 전개되었다. 어떤 것이 실재하기 위해서는 그것이 결과를 만들어 낼 수 있는 힘, 즉 인과력因果力을 가져야 한다. 인과력을 전혀 가지지 못해 이 세상에 어떤 변화도 만들 수 없다면, 그래서 어느 누구의 인식 능력에도 영향을 미치지 못한다면, 그것이 실재한다고 인정해 줄 이유가 없다. 있으나 없으나 마찬가지이기 때문이다. 실재하는 것은 누군가에게는 (최소한 신에게는) 인지될 것이고, 올바로 인지되는 것은 실재한다고 보아야 한다. 그래서 가지성과 실재성이 동시에 거론되는 것이다.

철학 강의를 듣지 않는 한 평생 한 번도 생각해 보지 못할 내용을 배우고 학생들은 흐뭇해한다.

플라톤은 그의 유명한 '동굴의 비유'를 통해 우리는 동굴 속 그림자와 같은 이 불완전한 세계로부터 벗어나 실재하는 이데아의 세계를 향해 나아가야 하고, 궁극적으로 선의 이데아를 파악하는 삶을 살아야 한다고 가르친다.

태어날 때부터 동굴 속에서 한쪽 면만을 바라보도록 고개가 고정된 죄수 같은 사람들을 상상해 보자. 이들이 보는 벽면에는 뒤쪽에서 사물에 불빛을 비추어 형성된 그림자들만이 오고 간다. 이 죄수들은 평생 그림자만을 보아 왔기 때문에 그것이 이 세상의 전부라고 믿는다. 플라톤은 우리 세계의 사물이 이데아의 불완전한 복제품 또는 그림자에 불과하기 때문에 우리의 처지가 이 죄수들보다 나을 것이 없다고 비유한다.

한 죄수가 몸을 묶고 있는 사슬을 풀어 가파른 언덕을 힘겹게 오르며 동굴 밖으로 나갈 기회를 얻는다. 밖에 나온 그는 처음에는 눈이 부셔 아무것도 제대로 보지 못한다. 그러다가 조금씩 적응하여 밤에 수면 위에 비친 별(수학적 진리의 비유)부터 볼 수 있게 된다. 그러고는 차츰 밤하늘의 별 자체와 다른 천체(이데아의 비유)도 직접 보게 된다. 궁극적으로 그는 태양 자체(선의 이데아)마저 본다. 그는 참으로 행복해진다. 이것이 플라톤이 추천하는 이데아의 세계와 그 안에서 행복한 우리의 삶이다.

그런데 이 사람은 이제 자기와 함께 묶여 있던 다른 죄수들에게도 이 소식을 전해 주고 싶다. 그들을 구해내어 바깥세상으로 데려와 실재하는 사물을 보여 주길 원한다. 그는 동굴로 돌아간다. 밝은 바깥에 있다가 어두운 동굴로 들어간 그는 어둠에 적응하지 못해 한동안 앞을 보지 못하고 뒤뚱거리며 행동한다(소크라테스의 기이한 행위들에 대한 비유). 차츰 시력을 회복한 그는 묶여서 한쪽 벽만을 바라보고 있는 죄수들에게 바깥세상의 존재를 알리며 함께 나가자고 설득하려 한다. 그러나 그들은 자신들의 평생 경험과는 너무도 다른 그의 이야기를 믿지 않고 또 그의 부단한 잔소리(?)에 짜증까지 난다. 화가 난 그들은 결국 작당하여 그를 죽이기까지 한다(소크라테스의 처형을 비유).

동굴의 비유를 도입해 이데아론을 설명하려 한 플라톤이 비극적으로 생을 마친 소크라테스의 죽음으로 이야기의 결말을 맺는 것을 보면 스승의 죽음이 그에게 얼마나 큰 트라우마로 남았을지 상상할 수 있다. 위대한 철학자도 사람이기 때문에 어쩔 수 없는 트라우마가 있나 보다.

제13강
실체와 본질

철학은 생소한 단어를 사용하며 말을 어렵게 하는 난해한 학문이란 이미지를 가지고 있다. 학문의 특성상 어떤 문제도 근본적이고 포괄적인 관점에서 비추어 보며 극히 일반적이고 추상적인 개념을 사용하기 때문에 그럴 것이다. 특히 형이상학은 철학의 여러 분야 가운데서도 가장 추상적인 분야를 다루며 우리 지적 인내심의 한계에 도전해 왔다. 나는 이런 부정적 이미지가 생긴 이유가 형이상학이 잘못 소개되어 왔기 때문이라고 생각한다. 실제로 형이상학의 주제를 하나씩 올바로 접근해 보면 존재 세계 전체를 꿰뚫는 진리를 논의하는 과정이 실제로 대단히 흥미진진하다고 느끼게 된다.

'실체實體(substance)'는 고대 그리스 이후 형이상학에서 존재 세계를 이해하는 중요한 범주의 하나다. 실체는 그것의 존재를 위해 다른 어떤 것에도 의존하지 않는다. 즉 실체는 '독립적 존재(independent existence)'다. 우리는 물질적 대상이, 예를 들어 바위가 다른 어떤 것에도 의존하지 않고 스스로 존재한다고 믿는다. 책상도 비록 그것이 제작되는 과정에서 사람의 노동이 필요하지만, 일단 만들어지면 그것이 물체로서 존재하기 위해 다른 어떤 것도 필요로 하지 않는다. 사람의 몸도 마찬가지다. 생존하기 위해 공기와 물 그리고 음식물에 의존해야 하지만, 물체로서의 몸 자체는 홀로 존재할 수 있다. 이 모두가 '독립적 존재'라는 의미에서 실체다. '실체'는 영어로 'substance'인데, 일상에서도 쓰이는 이 단어는 원래 형이상학의 용어였다. 형이상학은 생각보다 추상적이지 않다.

나는 또 장난기가 발동해 한 학생의 허락을 받고 그를 예로 쓰며 실체의 개념을 더 설명한다.

네팔에서 온 여러분의 학우 수자타는 미소를 잘 짓는다. 수자타의 얼굴은 물체로서 독립적으로 존재할 수 있다. 그 얼굴은 실체다. 그러면 수자타의 미소도 실체일까? 그 미소도 스스로 존재할 수 있을까?

학생들은 모두 아니라며 고개를 젓는다. 얼굴 근육이 특정한 형태로 수축되어야 생기는 미소는 얼굴로부터 독립적으로 존재할 수 없다.

만약 수자타의 미소가 실체라면 우리는 그 미소를 낚아채어 예쁜 상자에 넣어 잘 포장해 비싼 값에 팔 수 있을 텐데, 아쉽게도 그럴 수가 없다!

그림자도 마찬가지로 홀로 존재할 수 없어서 실체가 아니다. 많은 이들이 사랑하는 왈츠도 춤을 추는 사람의 특정 동작에 의존해서만 존재하기 때문에 실체일 수 없다. 이렇게 예를 몇 개 들어 주면 학생들이 실체의 개념을 쉽게 이해한다.

실체와 함께 논의되어야 하는 형이상학의 또 다른 중요한 개념은 '본질本質(essence)'이다. '본질'이란 '어떤 것이 이것 없이는 그것일 수 없는 것'이라는 뜻이다. 다시 말해, 어떤 것이 그것이기 위해 반드시 가져야 하는 필연적 속성이 본질이다. 그래서 '본질'은 실제로 '본질적 속성'을 의미한다. 나는 고대로부터 많이 사용된 예를 제시하며 본질의 개념을 설명한다.

아리스토텔레스는 이상적인 정의定義는 정의되는 것의 본질을 드러내 줄 수 있어야 한다고 가르친다. 그러면서 그는 인간을 '이성적 동물(rational animal)'로 정의한다. 인간은 인간이기 위해 반드시 이성적 동물이어야 한다. 달리 말하면, 이성적 동물이 아니면 인간이 아니다. 그래서 인간의 본질은 '이성적 동물임'이다.

학생들은 고개를 끄덕인다. 아리스토텔레스의 권위를 빌어 본질의 개념을 이해시켰으니 이제 다른 예도 소개하며 그 이해를 공고히 해 준다. 펜은 필기도구가 아니라면 펜이 아니고, 우리가 앉을 수 없는 가구는 의자가 아니다. 학생들은 펜과 의자의 본질도 헤아릴 수 있다.

데카르트는 세 가지 종류의 독립적 존재, 즉 실체가 존재한다고 보았다. 그 첫째가 신神인데, 신은 스스로의 존재를 위해 다른 어떤 것에도 의지하지 않으므로 진정한 의미에서 실체다. 다른 두 실체인 마음(mind, 영혼soul)과 물체(body)는 그것의 존재를 위해 신의 힘이 필요하기 때문에 엄밀한 의미에서는 실체가 아니다. 그렇지만 신의 도움만 제외하면 그 존재를 위해 다른 아무것도 필요로 하지 않기 때문에 이차적인 의미에서는 실체라고 볼 수 있다. 그래서 데카르트에 있어서는 신, 마음, 그리고 물체가 실체다. 그런데 마음과 물체가 존재하려면 신의 힘이 필요하다는 말은 무엇을 의미하는 가? 왜 마음과 물체는 진정한 의미에서 스스로 존재할 수 없는가? 이 문제를 설명하기 위해 나는 학생들에게 불쑥 대단히(?) 형이상학적인 질문을 하나 던진다.

여기 물병이 하나 있다. 이 물병은 왜 사라지지 않고 계속 존재하는가? 사라지지 않아야 하는 어떤 특별한 이유라도 있는가? 무슨 힘이 있어서 이렇게 버티며 계속 존재하는가?

학생들은 이 질문이 어리둥절한 듯 대답을 하지 못한다. 아직 한 번도 생각해 보지 못한 문제이기 때문이다. 그러면 나는 또 아주 근사한 시나리오를 제시하며 형이상학적 통찰 하나를 보여 준다.

여러분이 각자 신神이어서 태초에 우주를 창조한다고 가정해 보자. 이런 가정조차 신성 모독이라면 그 벌은 이 사악한(?) 교수가 지옥에 떨어져 모두 받을 테니 염려 말고 한번 상상해 보자. 자, 이제 여러분은 우주를 하나 창조한다. 그러고 나서는 아무 일도 더 하지 않고 그냥 내버려 둔다. 그러면 그 우주는 지속적으로 존재할 힘이 없어 바로 다음 순간에 사라져 버리고 만다. 그런데 그 순간 여러분은 또 다른 우주를 하나 더 창조한다. 이 우주도 다음 순간 사라진다. 그러면 여러분은 또 하나의 우주를 더 만든다. 이 과정을 순간마다 반복한다. 한편 여러분은 새 우주를 만들 때 그 전 우주와 비슷하면서도 아주 조금씩 다르게 창조하기 때문에 사물은 마치 지속적으로 존재하며 변화와 운동을 겪는 것처럼 보인다. 조금씩 다른 필름 여러 장을 빠른 속도로 움직여 영화를 상영하듯이 이 우주를 창조하는 것이다. 여러분은 이것이 가능하다고 생각하는가?

학생들은 모두 내 이야기가 그럴듯한 시나리오라며 고개를 끄덕인다. 신은 지금 이 순간에도 끊임없이 새로운 세계를 창조하고 있을지도 모른다. 그렇지만 이 시나리오는 데카르트가 생각한 신의 우주 창조 방식이 아니었다.

데카르트의 신은 우주를 창조하면서 동시에 만물에 지속적으로 존재할 수 있는 힘(concurrence)을 부여했다. 그 힘의 존재로 인해 만물이 갑자기 사라지지 않고 계속 존재하는 것이다. 전 우주에 존재하는 이 힘의 총량은 일정하여 변함이 없다.

당대 최고의 수학자이자 물리학자이기도 했던 데카르

트답게 우리가 물리학 교과서에서 배운 운동 및 에너지 총량 보존의 법칙과 유사한 견해도 함께 제시했다. 학생들은 이제 마음과 물체가 신이 불어넣어 준 힘에 의존해 존재하는 이차적 의미에서의 실체라는 뜻을 올바로 이해한다.

마음과 물체는 독립적으로 존재하는 실체다. 그러면 먼저 물체(body)를 물체이게끔 만들어 주는 것은 무엇인가? 즉 이것 없이는 물체일 수 없는 물체의 본질은 무엇일까? 데카르트는 그것을 '연장延長(being extended)'이라고 판단한다. 물체는 반드시 공간적 부피를 갖는다는 말이고, 공간적으로 연장되어 있지 않으면 물체가 아니라는 뜻이다. 우리가 물리적 대상 가운데 공간 안에 존재하지 않는 것이 단 하나라도 있는가를 고려해 보면 물체의 본질이 연장이라는 그의 통찰에 수긍이 간다. 그런 것은 없기 때문이다. 그 어떤 물리적 개체도 공간 속에 존재하고, 공간 속에 존재하지 않는 것은 물체가 아니다. 이것이 물체의 본질이 연장이라는 의미다. 데카르트는 17세기 유럽에서 수학을 이용한 과학이 혁명적인 성공을 거두던 광경을 목격했다. 그는 물체의 본질을 규명하려는 철학적 작업도 수학적으로 수행해야 한다고 믿었을 법하다. 그리고 그는 수량화數量化(quantification)가 가능해서 기하학 및 수학으로 접근할 수 있는 공간적 연장성이 물리적 속성의 본질이라고 주장한다. 그 밖의 다른 모든 물리적 속성은 연장성의 다양한 양상(mode)에 불과하다.

한편 데카르트는 마음의 본질을 '생각함(thinking)'이라고 판단한다. 이 '생각'은 감각, 감정, 사고, 의도 등 우리 의식 작용의 모든 측면을 포함하는데, 생각하지 않는 것은, 즉 의식 작용이 없는 것은 마음이 아니라는 주장이다. 생각하지 않으면서도 마음일 수는 없다는 단순한 이치를 고려해 보면 데카르트의 견해가 설득력 있어 보인다. 마음의 본질로서의 '생각함'에 대해 우리는 몇 강의 뒤에 있을 심리철학 부분에서 집중적으로 논의를 전개할 예정이다. 그러나 지금 여기에서 잠깐 지적해야 할 문제가 있다. 데카르트는 마음과 물체가 그 본질이 다르기 때문에 서로 확연히 구분될 뿐 아니라 그 둘이 정반대의 본질을 가지고 있다고 주장한다. 마음은 생각하는 실체이지만 공간 속에 연장되어 있지 않고, 물체는 공간 속에 연장되어 있지만 결코 생각하지 않는 실체라고 한다. 그래서 그에 의하면 공간 속에 있는 물체인 우리의 뇌는 생각할 수 없고, 오직 공간 속에 존재하지 않는 마음(영혼)만이 생각한다. 이 주장은 우리 강의의 다음 주제인 심리철학에서 심각한 문제를 초래한다. 나중에 상세히 다루겠다.

제14강
성질의 종류

물리 세계에 대한 데카르트의 수학적 접근법은 17세기 후반 영국 존 로크의 형이상학에 깊은 영향을 끼쳤다. 로크는 먼저 관념(idea)과 성질(quality)을 구분한다.

관념이란 마음속에서 지각하는 모든 대상을 말한다. 여러분이 생생한 꿈에서 보고, 듣고, 아는 사물은 모두 관념이다. 이것들이 마음 밖이 아니라 마음 안에 있다는 것은 분명하다. 그런데 우리가 깨어 있을 때 지각하는 모든 대상도 사실은 마음 밖에 있는 사물이 아니라 그 사물이 우리의 감각기관을 통해 전해 온 데이터를 뇌 또는 마음이 해석해 마음속에 만들어 놓은 것이다.

이전 9강에서 예로 든 '병 속의 뇌'를 상기하면 이 요점을 쉽게 이해할 수 있겠다. 마음 밖에 대상이 존재하든 하지 않든, 뇌 표면에 전기가 적당히 흐르고 화학 반응이 올바로 일어난다면 우리 마음은 바깥세상에 존재하는 사물을 지각하는 듯 느낄 것이다. 이렇게 마음속에 존재하는 사물들이 바로 로크가 말하는 관념들이다. 우리의 지각 대상은 마음속에 존재하는 관념들뿐이다.

학기 중반에 접어들면 학생들이 철학적 사고에 익숙해져, 쉽지 않은 주제임에도 불구하고 이런 내용도 잘 이해한다.

한편 성질(quality)이란 우리 마음속에 관념을 만들어내는 힘(power)이다.

로크에 따르면 성질은 마음 밖에 존재하면서 우리 마음 안에 관념을 산출한다. 그는 성질을 1차 성질과 2차 성질로 분류하는데, 그 분류의 기준이 함축하는 바가 철학적으로 중요하다. 그에 의하면 1차 성질은 견고함(solidity), 연장성(extension), 모양(figure), 그리고 운동성(mobility)과 같이 물체 자체로부터 결코 분리될 수 없다는 속성들이다. 이 성질들은 로크의 저술보다 반세기 전에 완성된 뉴턴의 역학이 다루는 '객관적'인 물리적 속성들이다. 뉴턴은 이 속성들을 수학적으로 명쾌하게 설명했다. 로크는 이 속성들이 자연 세계의 물체에 객관적으로 존재하는 성질들로 받아들인다.

예를 들어 금속 조각은 견고함, 연장성, 모양, 그리고 운동성과 같은 성질을 가지고 있다. 금속 조각을 아무리 잘게 부수어도 그 파편들은 여전히 견고하고, 연장되어 있으며, 모양이 있고, 또 움직이거나 정지해 있다. 로크는 이런 현상이 바로 물체 그 자체로부터 분리될 수 없는 객관적인 1차 성질들을 보여 준다고 주장한다. 이것은 물리학의 입장에서 보면 설득력이 충분한 견해다. 로크는 이런 1차 성질들이 우리 마음속에 견고함, 연장성, 모양, 운동 또는 정지, 그리고 수數와 관련된 단순한 관념들을 만든다고 설명한다.

한편 색, 소리, 맛, 냄새, 그리고 촉감과 같은 2차 성질에 관한 로크의 설명은 대단히 흥미롭다. 그에 의하면 2차 성질은 물체 자체에 객관적으로 존재하지 않는다. 즉 물체 자체는 색이나 맛 또는 냄새를 가지고 있지 않다. 예를 들어 흰색의 아몬드를 방망이로 계속 찧으면 그 흰색이 점차 사라지면서 갈색으로 변해간다. 만약 흰색이 아몬드로부터 분리될 수 없는 객관적 성질이라면 일어날 수 없는 현상이다. 색뿐만 아니라 소리, 맛, 냄새, 그리고 촉감도 마찬가지다. 그래서 이런 성질들이 물체에 객관적으로 존재하지 않고 우리 마음속에 주관적으로만 존재한다고 보는 것이다.

2차 성질은 물체를 구성하는 아주 작은 부분들이 가지는 크기, 모양, 운동과 같은 1차 성질이 우리 마음속에 다양한 감각을 산출해내는 힘일 뿐이다. 다시 말해 견고함, 연장성, 모양, 그리고 운동성 같은 1차 성질을 가진 극히 작은 입자들이 우리의 감관에 작용해서 우리 마음속에 색, 소리, 맛, 냄새, 촉감과 같은 2차 성질과 관련된 관념을 산출해낸다. 나는 현대 과학의 상식을 이용해 학생들에게 이 논의를 설명한다.

우리는 음식물 분자가 우리 신경 체계에 작용할 때 맛을 경험한다고 알고 있다. 예를 들어 원뿔 모양의 음식물 분자들이 혀를 자극하면 신맛을 느낀다고 가정해 보자. 정육면체 모양의 분자들은 쓴맛을 느끼게 한다. 그러면 둥글둥글한 입자들은 어떤 맛을 만들어 낼 것 같은가?

내가 만들어낸 엉터리 이야기지만, 학생들은 모두 단맛일 것이라고 답변한다. 1차 성질이 우리 마음속에 2차 성질에 대한 관념을 산출해낸다는 로크의 주장을 이해했다는 증거다. 음식물 분자들이 빠른 속도로 움직이고 있다면 끓인

커피처럼 뜨겁게 느껴질 것이고, 느리면 아이스크림처럼 차갑게 느낄 것이다. 색깔만 보아도 원래 전자기파 스펙트럼의 다른 부분들이 우리 마음속에서는 다른 색깔들로, 즉 질적으로 다른 관념들로 산출될 뿐이다.

로크의 견해는 우리 마음속에 있는 색, 소리, 맛, 냄새, 촉감이 물리학이 다루는 1차 성질들(의 조합)에 의해 만들어진다는 주장인데, 이런 물리학의 성질들은 수학으로 설명된다. 혹자는 로크와 같은 견해를 따르다 보면 인간의 모든 정신 세계가 궁극적으로 수학을 사용하는 물리학으로 규명될 수 있다고 생각하기도 한다. 그러나 대부분의 철학자는 그럴 가능성이 전혀 없거나 극히 요원하다고 판단한다. 로크 자신도 물리 세계에 존재하는 1차 성질로부터 우리 마음속에 어떻게 2차 성질과 관련한 관념이 형성되는가는 신神이 결정한다고 말한다. 신이 결정한다는 것은 실은 우리 인간이 그 과정을 구성하는 법칙이나 기작(mechanism)을 알 수 없다는 이야기다.

수학과 자연과학의 영향을 많이 받은 것으로 보이는 로크와는 달리 한 세대 후에 활동했던 아일랜드의 주교(Bishop) 조지 버클리George Berkeley는 로크와는 정반대의 견해를 주장한다. 버클리는 로크가 말하는 1차 성질이란 실은 모두 2차 성질에 대한 관념일 뿐이라고 주장한다. 예를 들어 1차 성질인 모양과 운동에 대한 관념은 2차 성질인 색깔 및 촉감에 대한 관념을 통해서만 이해된다. 특정한 모양을 가진 자동차가 움직이고 있다고 가정해 보자. 이 자동차의 모양과 연장延長은 그것의 색깔 없이는 파악될 수 없다. 마음속에서 색깔이 어떻게 분포되어 있는가가 바로 그 자동차의 모양을 구성한다. 혹자는 완전히 투명한 자동차도 모양이 있다고 반박할지도 모르겠으나, 그 모양도 최소한 손으로 만져 보아 촉감을 통해야 알 수 있다. 운동 또한 마음속에서 색깔이 생겨나는 위치의 변화에 의존할 뿐이다. 2차 성질에 의존하지 않는 1차 성질은 존재하지 않는다.

한편 로크의 논의처럼 모양과 연장성이 사물에 고정되어 있어서 사물로부터 결코 분리될 수 없다면 사물의 모양과 연장성이 우리가 보는 위치에 따라 달리 보이면 안 될 것이다. 그러나 우리는 정사각형 모양의 표면이 바라보는 각도에 따라 마름모꼴로 보이기도 하고 거리가 멀수록 그것이 작게 보인다는 것을 알고 있다. 모양과 연장성이 사물에 객관적으로 존재하는 성질이고, 또 그것에 관한 우리의 관념 또한 그렇게 객관적인 것이라면 거리와 각도에 따라 이 관념의 내용이 주관적으로 바뀌면 안 되어야 하는데, 사실은 그렇지 않다. 로크의 1차 성질은 실제로는 모두 2차 성질일 뿐이다.

버클리는 위와 같은 논증으로 연장, 모양, 운동 같은 1

차 성질이 실제로는 모두 색, 소리, 냄새, 맛, 촉감과 같이 우리 마음속에 존재하는 관념들일 뿐이라고 설명한다. 그는 이런 존재하지도 않는 1차 성질을 가지고 있다는 물리적 실체(corporeal substance) 또는 물질(matter) 또한 당연히 존재하지 않는다고 주장한다. 전통적으로 물질의 존재를 인정하지 않는 견해는 '관념론(idealism)' 또는 '비물질주의(immaterialism)'라고 불린다. 나는 비록 버클리가 직접 제시한 논증은 아니지만 철학에서 영향력 있는 다음의 두 견해로부터 그의 관념론이 도출될 수 있다고 본다.

(1) 유아론唯我論은 철학적으로 논박하기 어려운 주장이다. 나(마음)와 내 마음속에 존재하는 관념들 외에 달리 더 존재한다고 확신할 수 있는 것은 없다.

(2) 사유와 존재의 경제성 원리(오컴의 면도날Occam's Razor) – 존재론을 구성할 때 대상의 종류는 필요 이상으로 늘어나서는 안 된다. 그리고 이론을 구성하는 원칙principle의 수는 적을수록 좋다.

사유와 존재의 경제성 원리는 중세 영국의 사제 오컴 William of Occam이 처음 주장한 이후 서양철학에서 보편적으로 받아들여져 왔다. 이에 따르면 불필요한 대상의 종류나 이론의 원칙은 날카로운 면도날로 베어 버리듯 제거해야 한다. 성능이 동일한 두 기계가 있다면 가볍고 조작과 유지 및 보수가 간편한 것이 좋고, 어떤 현상을 똑같이 설명할 수 있는 두 이론이 있다면 그 가운데 더 단순한 이론을 선택해야 한다.

우리가 유아론이 옳다고 확신한다면 마음 밖 물질 세계의 존재를 인정하는 로크의 견해를 받아들일 수 없다. 물론 유아론도 우리의 상식과 조화되기 어렵다는 문제를 안고 있다. 그렇지만 버클리의 관념론이 우리에게 알려진 존재 세계를 설명할 때 로크의 견해와 최소한 동일한 설명력을 가질 수 있다면 물질 세계의 존재를 받아들일 필요가 없는 버클리의 견해가 사유와 존재의 경제성 원리에 더 적합하다고 판단해야 한다. 다음 강의에서 계속 논의하겠다.

제15강
현상의 세계

버클리에게 있어서 '존재한다는 것은 지각되는 것이다(esse est percipi, To be is to be perceived)'. 실재하는 사물은 오직 마음에 의해 지각되기 때문에 실재한다. 일견 상식과 어긋나 보이는 주장이지만 차분히 따져 보면 이론적으로 반박하기 어렵다. 예를 들어 설명해 보겠다.

나는 이 방에서 책상을 본다. 이 책상은 내게 지각되기 때문에 실재한다.
— 내가 이 방을 나가 다시는 돌아오지 않는다면 이 책상은 어떻게 되는가?
다른 누군가가 들어와 보면 되니까 책상은 여전히 실재한다.

– 만약 이 세상에서 의식을 가진 존재자가 모두 사라져 아
무도 이 책상을 지각하지 않는다면 이 책상은 실재하지
않게 된다는 것인가?

그럴 경우에도 영원히 존재하는 신神이 보고 있으므로 이 책
상은 그대로 실재한다.

물질적 대상은 '감각될 수 있는 영원한 가능성(permanent
possibility of sensation)'으로서 신의 마음속에 실재한다. 자연의
사물은 실제로 인간의 지각으로부터 독립적으로 (신의 마음 안
에) 존재한다. 그런데 만약 신에게조차 지각되지 않는 대상
이 있다면 그것의 실재성은 어떻게 판단해야 옳을까? 이 질
문은 버클리에게는 떠올릴 필요도 없는 물음이다. 주교인 그
에게는 존재하면서도 신에게 지각되지 않는 것은 결코 있을
수 없었기 때문이다. 그래도 주교가 아닌 우리는 이 문제를
21세기의 철학적 관점에서 접근해 볼 만하다.

실재하는 것은 이 세계에 어떤 작은 변화라도 만들어낸다.
예를 들어 물리학은 물질 세계에 아무런 영향도 끼칠 수 없
는 입자나 속성을 실재한다고 가정하지 않는다. 우주의 인과
因果 과정에 전혀 차이를 만들어 낼 수 없는 것은 물리학 이
론의 일부로 들어올 여지가 없다. 실재한다면 최소한 우리

인식에라도 변화를 가져올 수 있어야 하는데, 신에게조차 지각되지 않는 것은 정말 어떤 인과력(causal power)도 가지고 있지 않다. 존재 세계에 어떤 변화도 줄 수 없는 존재자는 우리의 존재론에서 오컴의 면도날로 제거해야 옳다. 그런 것은 실재하지 않는다고 판단해야 한다.

버클리에게 있어서 존재한다는 것은 결국 신에게 지각된다는 것이다. 존재하면 신에게 지각되니까, 신에게 지각되지 않으면서도 존재하는 것은 없다. 실재하는 모든 사물은 (신의) 마음 안에 존재한다.

이 세계를 마음속에 존재하는 관념만으로 설명할 수 있다면 굳이 마음 밖 세계의 존재까지 받아들여 우리의 존재론을 버겁게 할 필요가 없겠다. 사유와 존재의 경제성 원리에 의하면 그렇다. 그러면 우리는 외부 세계의 존재를 상정하지 않고서도 우리 마음속 관념만으로 지금까지와 같이 성공적으로 세계를 설명하고 삶을 영위할 수 있을까? 나는 이 질문에 대한 답이 의외로 쉽다고 생각한다.

우리는 이미 그렇게 하고 있다. 유아론을 철학적으로 논박할 수 없다는 점을 고려할 때 우리는 지금까지도 관념의 세계에서만 살아왔다고 볼 수 있기 때문이다. 마음 밖에 존재한다고 보이는 물질적 대상은 실은 우리가 마음속에서 (물질적 대상에 관한) 관념을 가지고 그것을 지각하면서 그 존재를 마음 밖으로 투사하기 때문에 그렇게 보인다. 실재하는 것은 마음속에 존재하는 관념뿐이다.

버클리는 존재하는 모든 대상을 관념 또는 관념의 집합체로 보는 현상론現象論(phenomenalism)의 시조다. 만물이 단지 의식 안에 있는 현상으로 존재한다는 주장이다.

로크도 인정하고 버클리가 강조했듯이, 물리적 대상과 그것의 물리학적 속성인 모양, 운동, 연장 등과 같은 1차 성질로는 의식 안에서 이루어지는 빛깔, 소리, 냄새, 맛, 촉감 같은 2차 성질에 대한 관념의 형성 과정을 전혀 설명할 수 없다. 수많은 학자들이 여러 세기 동안 매달렸어도 둥근 음식물 분자가 마음속에 쓰거나 신 것이 아니라 하필 왜 단맛을 만드는가에 대한 이해는 조금도 진전되지 않았다. 이와는 대조적으로 버클리의 관념론은 모양, 운동, 연장 등의 관념이 실은 빛깔이나 촉감에 대한 우리의 관념을 통해 분석되고 이해된다는 점을 밝힌다. 관념론이 이론적 설명력 차원에서 로크의 견해보다 나아 보인다.

버클리의 관념론은 존재론적 측면에서도 더 경제적이다. 물체의 객관적(?) 속성이 모두 마음속 2차 성질에 대한 관념들로 분석되기 때문에 관념론은 마음 밖에 존재하는 물체의 존재를 상정하지 않아도 된다. 신이 그렇게 불필요한 대상(물체)들을 별도로 창조했을 리가 없다. 존재 세계는 물질적 대상을 제외하고 신과 마음(영혼) 그리고 마음속에 있는 관념들로만 이루어져 있다. 물질문명이 만개한 21세기에 사는 우리에게는 좀 뜻밖의 결론이지만, 우리가 경험하는 세계가 관념(현상)의 세계라는 점은 논리적으로 반박하기 어려워 보인다.

대상이 마음 밖에 객관적으로 존재하지 않지만 우리는 서로 동일한 하늘과 바람과 별을 보고 느끼며 같은 시인의 시를 읊기도 한다. 바깥세상의 변화에 대한 관념은 우리가 합의하고 원해서 마음속에 동시에 만들어 낼 수 있는 것이 아니다. 그런데도 이런 상호주관적(intersubjective)인 현상이 어떻게 가능할까? 외부 세계가 존재하지도 않는데 어떻게 같은 하늘과 별을 보고 같은 바람을 느낄까? 이것은 버클리에게 쉬운 질문이다. 선의善意로 가득한 신은 우리가 서로 소통하며 사는 데 혼란이 없게 하려고 우리 마음속에 동일한 관념이 동시에 생기도록 만든다. 물이 언제나 높은 곳에서 낮은 곳으로 흐르고, 사계절이 순서에 따라 변하는 등 자연의 법칙을 똑같이 파악할 수 있는 것도 신이 관련된 모든 관념을 우리들 마음속에 질서정연하게 나타나도록 하기 때문이다.

스코틀랜드의 흄David Hume도 로크의 주장에 반대한다. 흄은 로크가 성질(quality)이 자리 잡는 기반으로 생각한 실체(substance) 또는 기체基體(substrate)를 '불가해不可解한 괴물(unintelligible chimera)'이라고 부르며 그 존재를 부정한다. 로크가 말하는 기체는 그 스스로는 아무런 성질을 가지지 않고 단지 여러 성질들이 모여 있는 장소 같은 것이다. 그러나 우리는 아무 속성도 없이 존재한다는 것이 무엇을 의미하는지 헤아리기 어렵다. 그래서인지 몰라도 어떤 철학자들은 기체가 최소한 하나의 속성은 가지고 있다고 주장하기도 한다. 그렇지만 이 말이 기체는 독립적으로 존재하지만 언제나 최소한 하나의 속성은 가지고 있다는 것인지, 아니면 속성 없이는 기체 혼자서 독립적으로 존재할 수 없다는 것인지 불분명하다. 흄은 이와 같이 경험적으로 확인할 수 없는 '형이상학적' 대상인 기체의 존재를 부정한다.

흄은 우리가 지각하는 사물을 기본적으로 '관념의 다발(bundles of ideas)'로 이해한다. 예를 들어 우리 앞에 꽤 무게가 나가는 직육면체 모양의 갈색 책상이 놓여 있다고 가정해 보자. 흄은 이 책상이 우리 마음속에서 '직육면체 모양, 갈색, 단단함, 무게, 냄새 등등'의 관념들이 모여 형성한 다발일 뿐이라고 본다. 이 책상의 기반인 어떤 불가해한 괴물 같은 실체 또는 기체는 존재하지 않고, 단지 마음속에서 이 관념들이 모여 다발을 이루고 마음이 그것을 지각하여 책상에 대한 감각 경험이 생겨난다. 경험 세계에 존재하는 다른 모든 사물도 마찬가지다.

흄은 그 이전의 형이상학에 강하게 반대한다. 흄의 철학을 계승했다고 볼 수 있는 20세기 논리실증주의자들이 조롱한 전통 형이상학의 명제 몇 개를 살펴보면 그가 왜 종래의 형이상학을 그토록 혐오했는지 엿볼 수 있다.

> 절대는 진화와 진보에 참여하지만 그 스스로는 진화하지도 또 진보할 수도 없다.
> 무無가 무화無化한다.
> 감각 경험의 세계는 비실재이다.
> 실재는 하나의 실체이다.
> 실재는 여러 실체이다.

위의 명제 가운데 그 어느 것도 자연 세계에 대한 정보를 전해 주지 않는다. 즉 우리의 지식을 확장시켜 주지 못한다. 그렇다고 이 명제들이 논리학이나 수학처럼 개념들 사이의 관계를 설명하여 그 관계에 대한 우리의 이해를 도와주는 것도 아니다. 위의 명제 중 어느 것도 그 참·거짓을 가릴 수 없다. 이들 모두는 일견 무언가 근사한 내용이 들어 있을 것 같은 인상적인 명제들이지만, 실상은 아무 쓸모도 없는 무의미한 것들이다. 이 명제들에는 마치 점성술처럼 사기와 기만의 의도마저도 엿보인다.

흄은 인간에게 올바로 가능한(legitimate) 연구에는 단지 두 영역, 즉 관념들의 관계(relations of ideas)와 사실의 문제(matters of fact)만 있다고 주장한다. 관념들의 관계를 다루는 대표 분야가 수학인데, 예를 들어 '직각삼각형의 빗변의 길이의 제곱은 다른 두 변의 길이의 제곱의 합과 동일하다'와 같은 기하학의 명제는 이미 고대 그리스의 피타고라스학파가 보여 주었듯이, 그것이 사용하는 관념들 사이의 관계만으로 증명할 수 있다. 한편 산수의 명제 '3×5=30÷2' 같은 것도 관념들 사이의 관계로 그 참·거짓이 가려진다. 이런 명제들은 모두 감각적 경험과는 독립적으로 그 진위가 결정된다. 그리고 참 또는 거짓인 명제는 의미(meaning) 있는 명제다.

한편 '해는 동쪽에서 뜬다'와 같은 명제는 실제로 존재하는 세계에 관한 것이기 때문에 우리가 해가 동쪽에서 뜨는 것을 직접 감각적으로 경험해야 그 명제가 참임을 알 수 있다. 이런 명제의 참·거짓에 대해 수학에서와 같은 결정적인 증명은 불가능하다. 수학적 또는 논리적 증명이 안 되기 때문에 이 명제는 필연적 진리가 될 수 없다. 그래서 '해는 동쪽에서 뜬다'가 참이기는 하지만 그것을 부정해 '해는 동쪽에서 뜨지 않는다'고 말해도, 비록 그것이 거짓이지만, 논리적으로 모순은 아니다. 우리는 칸트의 분석명제와 종합명제의 분류를 논의하며 이 점을 이미 살펴보았다. 사실의 문제에 관한 명제들은 우리에게 세계에 대한 정보를 전해 주기 때문에 쓸모 있고 또 의미 있다.

인간이 올바로 연구할 수 있는 두 영역에 관한 흄의 통찰은 그보다 시대적으로 앞선 라이프니츠Gottfried Wilhelm Leibniz의 분류로부터 시작해 흄 이후의 칸트 및 논리실증주의 학파로까지 이어진다. 그 전통을 표로 간단히 정리해 보겠다.

라이프니츠	흄	칸트	학문	참·거짓	정보
이성의 진리	관념들의 관계	분석명제	논리학, 수학	형식에 의해 판단	새 정보 없음
사실의 진리	사실의 문제	종합명제	경험과학	감각 경험으로 판단	새 정보 있음

흄과 논리실증주의자들은 관념들의 관계를 다루는 논리학 및 수학과 사실의 문제를 연구하는 자연과학이 인간에게 적법한 연구가 가능한, 유일한 두 영역이라고 강조하면서

이 경계를 넘어서려는 어떤 형이상학적 시도도 허용되어서는 안 된다고 주장한다. 흄은 우리가 도서관에 들어가 이 두 영역 이외의 주장을 담은 책을 보게 되면 그것은 단지 거짓과 기만의 의도를 가진 궤변과 환상만을 담고 있을 뿐이므로 모두 불태워 버려야 한다고까지 말한다. 전통 형이상학에 대한 흄의 비판은 뒤에 다룰 과학철학 부분에서 다시 깊이 논의하겠다.

마음 ——————————————

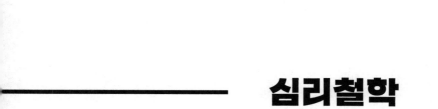

심리철학

제16강
마음의 여정

대부분의 서양인들은 세계가 물질과 정신으로 이루어져 있다고 생각한다. 칼 포퍼Karl Raimund Popper 같은 철학자는 이 둘에 더해 언어의 세계도 따로 존재한다고 주장하지만, 전통적으로 서양에서는 존재하는 모든 것이 물질 세계와 정신 세계로 나누어진다고 여겨 왔다. 이 두 영역에 관한 연구는 모두 철학이 시작했지만, 17세기에 뉴턴의 물리학이 등장한 이후 물질 세계에 관한 연구는 거의 전적으로 자연과학이 담당하게 되었다. 그러나 정신 세계를 구성하는 마음의 본질에 관한 연구는 철학이 여전히 많이 기여하고 있다.

지난 몇 세기를 제외하면 서양 역사상 대부분 '마음(mind)'과 '영혼(soul)'이라는 말이 서로 분명히 구별되지 않은 채 혼용되었다. 사람들은 정신 세계를 담당하는 마음이 물질 세계와 많이 다른 속성을 가졌다고 생각했다. 물질과 그토록 다른 마음이 육신이 소멸한 다음 우리의 존재를 사후死後의 세계로 연장시켜 준다는 영혼과 동일하다고 본 것은 어쩌면 자연스럽기도 하다. 그렇지만 기원전 8세기경까지 고대 그리스에서 '영혼'에 해당하는 'psyche'라는 단어는 원래 '생명의 숨결'을 의미했다. 사람이 죽을 때 몸에서 빠져 나가는 마지막 숨이 그 육신의 생명을 유지하던 힘을 지녔다고 믿었고, 이 숨결이 몸에서 나가면 그 몸이 죽고 숨결은 공기 중에 흩어진다고 생각했다. 공기 중에 흩어지면 그 존재도 영원히 끝난다고 보기도 했다.

　기원전 6세기 피타고라스학파는 인도에서 영향을 받았을 법한 영혼 윤회설을 가지고 있었고, 이 학파의 영향을 받은 소크라테스와 플라톤도 불멸의 영혼 윤회설을 주장했다. 서양철학의 기반을 세운 이들이 윤회설을 믿었다는 점이 다소 생경하게 들릴 수 있을지 모르겠다. 여러 세기가 지난 후 플라톤 철학의 영향을 많이 받은 기독교 신학자들이 윤회는 제외하고 불멸의 영혼설을 받아들이게 되는데, 그 이후부터 서양인들은 영혼의 존재를 당연시하게 되었다. 중세의 오랜 기간을 거쳐 근대에 이르기까지 서양인들에게 있어서 영혼은 우리 정신 세계의 주체였다. 17세기 데카르트에 이르러

서야 정신 세계가 우리 마음의 세계라는 현대인의 상식에 가까운 철학적 견해가 나타나기 시작하는데, 데카르트조차도 그의 저술에서 '마음'과 종교적 뉘앙스가 깃들어 있는 '영혼'을 구별하지 않았다.

자연과학이 발달하고 기술문명이 삶의 모든 부분을 바꾸어 나가고 있는 현대에는 영혼에 의거하여 우리 정신 세계를 논하는 철학자는 거의 없다. 과학은 서양에서 2천여 년 동안 지속되던 영혼 위주의 사고방식에 극적인 변화를 가져왔다. 우리는 이제 정신 세계가 뇌의 표면에서 발생하는 전기 신호 및 화학 반응에 의해 생겨나는 의식(consciousness)으로 이루어진다고 믿는다. 우리 의식의 세계가 정신 세계이고, 우리 마음은 이러한 의식의 흐름으로 구성된다. 의식은 뇌에서 일어나는 물리 현상에 의존하기 때문에 뇌의 활동이 정지되면 의식이 없어지게 되고, 의식이 없어지면 마음도 존재하지 않게 된다.

마음이 결국 물리 현상인 뇌의 작용에 의존해서만 존재한다는 현대 심리철학의 기본 전제는 많은 철학적 문제를 야기했다. 현대인 모두가 동의하듯 이 우주는 근본적으로 물질로 되어 있다. 물리학은 수학이라는 강력한 도구를 사용하며 물질 세계를 가장 작은 입자와 그것의 속성으로부터 빅뱅과 같이 가장 거대한 스케일의 천문 현상까지 모두 연구한다.

마치 이 우주에 물리학의 연구 대상이 아닌 존재자는 없을 것같이 가장 포괄적이면서도 동시에 가장 심층적으로 연구한다. 그런데 우리의 마음은 이 우주 어디에 존재하고 있는가? 의식이 두뇌 표면의 물리 현상에 의존하므로 뇌의 표면에 존재하고 있을까? 그렇다면 그토록 성공적인 물리학(또는 뇌신경생리학)으로 우리 마음의 비밀도 성공적으로 밝히고 설명할 수 있을까?

대다수 철학자들은 심리 현상은 물리 현상에 관한 법칙, 즉 물리 법칙으로는 설명될 수 없다고 생각한다. 예를 들어 독자가 현재 욱신욱신한 두통으로 고생한다고 가정해 보자. 독자는 현미경 같은 어떤 기계를 통해 독자의 뇌세포를 관찰한 후 간접적으로 그 두통을 확인하지 않는다. 독자는 어떤 매개도 거치지 않고 직접적으로 그 통증을 경험한다. 이런 통증의 존재는 너무도 자명해서 의심의 여지가 없다. 간혹 병원에서 의사들이 환자에게 '당신의 통증은 실제로 존재하는 것이 아니라 그냥 착각일 뿐'이라고 말하는 경우도 있는데, 이것은 특정 병인病因은 없이 통증만 존재할 뿐이라는 뜻으로 해석해야 한다. 아프다고 느끼면 아픈 것이지 통증이 없는 것은 아니기 때문이다.

우리 마음의 세계는 1인칭 관점에서 파악된다. 나의 통증은 나만 접근할 수 있고, 나만이 그 존재를 확신할 수 있으며, 내가 아프다고 느끼는 한 그 어느 누구도 내 통증의 존재를 부정할 권리가 없다. 내가 느끼는 통증의 감각이 다른 사람들이 느낀다는 감각과 질적質的으로 동일할 것이라는 보장도 없다. 다른 동물도 통증을 느낀다고 하지만, 예를 들어 생쥐와 돌고래의 통증 감각이 같을 것이라고 쉽게 추측할 수는 없다.

물리학의 모든 서술은 3인칭 관점에서 이루어진다. 자연과학에는 '나'라는 단어가 존재하지 않는다. 그래서 1인칭 관점에서 주관적으로만 파악 가능한 마음의 세계를 물리 세계를 연구하는 자연과학의 3인칭 관점에서 객관적으로 연구하기는 처음부터 불가능하다고 보는 철학자가 많다. 이들은 비록 마음의 세계가 뇌의 표면에서 이루어지는 물리 현상으로부터 생겨난다고 하더라도 마음의 본질은 물리 현상에 관한 법칙으로는 설명할 수 없다고 주장한다. 의식의 발생은 경이롭다. 무게가 얼마 나가지도 않는 회색빛의 축축한 세포들의 덩어리, 즉 뇌에서 온갖 파노라마가 펼쳐지는 비물질적인(?) 의식의 세계가 생겨난다는 점이 신비롭기만 하다. 이런 의식이 왜, 그리고 어떻게 뇌 표면의 물리 현상으로부터 생겨날까?

마음은 몸과 어떤 방식으로 연결되어 있을까? 마음이 존재론적으로 몸에 의존하고 있으니 마음은 몸에 전적으로

종속되어 있을까? 존재론적으로는 의존 관계에 있지만 마음과 몸은 각각 다른 법칙에 의해 작동하고 있을까? 혹시 현대 심리철학의 기본 전제가 틀려서 마음은 몸으로부터 독자적으로 존재할 수 있지만, 다만 마음과 몸이 어떤 방식으로 연결되어 있는 것은 아닐까? 아니면 마음과 몸은 단지 존재하는 하나의 실체를 두 가지 다른 관점에서 볼 때 나타나는 두 양상에 불과할까? 현대 심리철학에서 논의되어 온 이런 상이한 입장들은 실은 역사상 중요하게 간주되어 온 옛 철학자들의 견해와도 맞닿아 있다.

서양에서는 마음의 문제도 소크라테스와 플라톤이 논의하기 시작했다. 이들은 불멸의 영혼이 윤회한다고 믿었다. 이 책의 앞부분에서 앎의 문제를 논의할 때 설명했듯이, 그들이 주장하는 선천적 지식의 존재를 설명하려면 수많은 전생前生이 있어야 했고, 그러려면 영혼이 계속 윤회해 왔음이 분명했다. 그리고 이러한 영혼과 그것이 파악하는 이데아(의 본질)는 서로 '영원불변·불멸'이라는 유사성을 가지고 있다. 그런데 소크라테스가 독배를 들기 직전 감옥에서 제자들과 나눈 대화를 상상하며 기록한 플라톤의 대화록 『파에돈』에서 심미아스는 영혼의 불멸에 관한 소크라테스의 주장에 대해 다음과 같은 반론을 제기한다.

영혼은 육체를 구성하는 물질에 의존할 수도 있습니다. 비유로 설명하기 위해 영혼과 조율이 잘된 현악기로부터 나오는 하모니harmony를 예로 들어 보겠습니다. 하모니는 영혼과 같이 전적으로 아름답고 신성하며 형체가 없습니다. 그럼에도 불구하고 의심의 여지 없이 하모니는 악기의 줄에 의존하고 있습니다. 그렇기 때문에 줄이 망가지면 하모니도 존재할 수 없습니다. 마찬가지로 영혼도 육체가 소멸하면 없어질 겁니다.

심미아스는 하모니가 영혼과 같이 멋진 속성을 가졌지만 불멸이 아니라는 점을 지적하며 소크라테스의 영혼 불멸설에 반대한다. 이에 대해 소크라테스는 하모니를 예로 든 심미아스의 비유가 올바르지 않다고 반박한다. 소크라테스의 첫째 반박 논증은 명쾌하다.

하모니에는 정도의 차이가 있다. 어떤 음악은 하모니가 더 있고, 다른 음악은 그렇지 못하다. 그러나 더 많은 영혼이나 덜 있는 영혼 같은 것은 없다. 영혼은 단지 존재하거나 존재하지 않거나 두 경우뿐이다. 영혼과 하모니는 닮지 않았다. 따라서 영혼과 하모니를 비유해 영혼의 불멸을 부정할 수는 없다.

단순하지만 거부하기 어려운 좋은 논증이다. 그런데 소크라테스의 둘째 반박 논증은 그다지 신통해 보이지 않는다.

만약 영혼이 악기가 작동하는 방식에 의존하는 하모니와 같다면 영혼이 육체가 원하는 방향과 다르게 의지를 내는 일은 불가능해야 한다. 그러나 우리의 경험은 이와는 다르다. 영혼은 종종 몸이 바라는 바를 따르지 않곤 한다. 예를 들어 의사가 환자에게 회복을 위해 갈증을 느끼더라도 물을 마시지 말라고 지시하면 우리의 영혼은 몸이 물을 원하더라도 물을 마시지 않도록 만든다. 따라서 심미아스의 비유는 옳지 않다.

나는 학생들에게 이 반박 논증에 문제가 있다며 그것을 지적해 보라고 권유하곤 한다. 그러면 언제나 몇몇 학생이 다음과 같이 답변한다.

물을 마시지 않으려는 의지와 물을 마시고 싶은 욕망 모두 영혼 안에서 일어나는 정신 작용이라고 볼 수 있습니다. 의지와 욕망의 경쟁은 영혼 안에서 일어나고 있지, 영혼과 육체 사이에서 일어나는 싸움이 아닙니다.

좋은 대답이다. 비록 학생들의 지적이 영혼의 불멸을 부정하는 심미아스를 돕는 논점은 아니지만, 그래도 소크라테스의 반박 논증이 허술하다는 점은 여실히 보여 준다. 한편 나는 학생들의 논점과는 정반대의 방향에서 소크라테스의 논리를 반박해 본다.

21세기에 사는 우리의 상식으로 이 문제에 접근해 보자. 물을 마시지 않겠다는 의지와 마시려는 욕구 모두 두뇌의 표면에서 진행되는 물리 현상에 의존해 생겨나는 의식 내용들이다. 그래서 이 둘은 근본적으로 육체와 육체의 경쟁이지 영혼과 육체의 싸움이 아니다. 따라서 소크라테스의 반박 논증은 성공하지 못한다.

위와 같은 이유들로 학생들과 나는 소크라테스의 둘째 논증이 미덥지 못하다는 점에 동의한다.

그렇지만 우리는 여전히 그의 단순명쾌한 첫째 논증이 심미아스의 비유를 격파하는 데 성공적이라고 판단한다. 그러나 그렇다고 해서 영혼 불멸을 주장한 소크라테스가 반드시 옳다는 것은 아니다. 단지 심미아스가 좋은 비유를 제시하지 못했을 뿐일 수도 있기 때문이다. 영혼 또는 마음의 존재와 기능에 관해 우리가 더 주목할 만한 견해는 근대철학을 시작한 데카르트에 의해 전개된다. 다음 강의에서 논의하겠다.

제17강
몸과 마음은 하나인가, 둘인가

불멸의 영혼을 믿던 서양인에게 정신 작용을 담당하는 영혼이 곧 마음이라는 생각은 자연스러웠던 것 같다. 영혼이 육체로부터 독립적으로 존재하는 실체라고 굳게 믿었던 그들이었으니 마음이 독립적인 존재자, 즉 실체라는 점도 의심하지 않았다. 서양의 전통적 사고방식에 바탕을 둔 데카르트의 심신心身 이론에서도 마음이 실체라는 점은 자명한 진리로 받아들여진다. 그런데 몸과 마음을 각각 구별되는 두 독립적 존재라고 본 데카르트는 그렇게 구별되는 몸과 마음이 어떻게 상호작용할 수 있는가를 설명하기 곤란해 했다.

데카르트는 물체(body)의 본질을 (공간적) 연장延長이라고 보았고 마음(mind)의 본질은 사고思考라고 주장한다. 공간에 속하지 않는 물체가 없고 또 생각하지 않는다면 마음일 수 없다는 점에 우리가 동의한다면 몸과 마음의 본질에 관한 데카르트의 견해에 이의를 제기하기 어렵다. 상이한 본질을 가진 마음과 몸은 서로 분명히 구별된다(distinct). 그런데 데카르트는 한 걸음 더 나아가 마음과 몸은 그 본질이 서로 정반대라고 주장한다. 여기서 철학적으로 문제가 발생한다.

데카르트는 물체가 공간적으로 연장되어 있지만 마음과는 반대로 결코 생각하지 않는다고 주장한다. 몸과 마음이 서로 구별된다고 해서 그 본질이 반드시 정반대여야 할 이유는 없을 것 같은데, 데카르트는 뚜렷한 논증 없이 두 실체의 본질이 정반대의 속성을 가지고 있다고 말한다. 그가 옳다면 물체의 영역에 속하는 우리 두뇌는 생각하지 않아야 한다. 물론 우리 일상의 언어 사용 관례에 따르자면 '내가 (또는 내 마음이) 생각한다'가 옳은 표현이고 '두뇌가 기능한다 (또는 작동한다)'와 같이 말해야 어색하지 않겠다. 그러나 '컴퓨터가 생각한다'라는 표현을 주저하지 않고 쓰는 21세기의 우리는 '두뇌가 생각한다'고 말하기를 그다지 어색하게 여기지 않게 되었다. 데카르트에 의하면 공간 속에 연장된 물체인 두뇌는 생각할 수 없어야 하는데, 이에 동의하지 않는 사람의 숫자는 늘어만 갈 것이다.

마음은 생각하지만 공간적으로 연장되어 있지 않다는

데카르트의 주장은 일견 설득력이 있다. 만약 생각이 공간적 부피를 가지고 있다면 그것은 원칙적으로 공간적으로 분리할 수 있어야 한다. 그런데 '미국의 초대 대통령은 조지 워싱턴이었다'와 같은 생각을 공간적으로 나눈다는 것은 무엇을 의미하는가? 얼토당토않은 소리일 뿐이다. 우울한 느낌, 행복감, 사랑 등의 감정 또한 공간적으로 나눌 수 없다. 공간적으로 결코 나눌 수 없는 이유는 그것이 공간 속에 존재하지 않기 때문이다. 공간 속에 존재한다면 최소한 수학적으로는 나눌 수 있어야 하는데, 이것조차 안 되니까 마음은 공간 속에 존재하지 않는다고 결론지어야 한다. 그러나 이 견해 때문에 그는 철학적으로 심각한 난제에 직면한다.

데카르트는 몸과 마음이 서로 긴밀히 연결되어 있어서 하나의 합체(union)를 이룬다고 주장한다. 예를 들어 우리 마음은 배가 고프다거나 갈증을 느끼는 감각을 가지고 있는데, 이것은 몸에 일어난 변화가 마음에도 변화를 가져온다는 증거다. 그 반대 방향으로, 내가 찬성을 표현하려고 손을 올리려 의도하면 팔의 근육이 수축되어 팔이 올라가는데, 이것은 마음이 몸을 변화시키는 경우다. 이와 같이 몸과 마음은 끊임없이 인과적因果的으로 상호작용하며 하나의 합체로서 존재한다. 그런데 여기에서 의문이 생긴다. 서로 상반되는 본질을 가졌다는 몸과 마음이 어떻게 그토록 긴밀히 연결되어

서로 인과적으로 영향을 끼칠 수 있는가? 실제로 데카르트 생존 당시 보헤미아의 엘리자베스 공주가 이 문제를 제기했는데, 데카르트는 나중에 이 부분을 명확히 설명하지 못했다고 인정한다.

위의 문제를 더 쉽게 설명해 보려고 학생들에게 질문한다.

마음은 연장성이 없어 공간 속에 존재하지 않는다. 그러나 몸은 공간 속에 있다. 그렇다면 공간 안에 있지도 않은 마음이 어떻게 공간 안에 있는 몸에 접촉해서 몸을 움직이고 변화시킬 수 있는가? 그 반대로도 문제인데, 몸에 일어난 변화가 어떻게 공간 속에 존재하지도 않는 마음을 찾아서 그 변화를 전달할 수 있는가?

학생들은 두 질문 모두에 고개를 저으며 그런 인과적 상호작용이 불가능하다고 답변한다. 이것이 데카르트가 직면한 난제였고, 이 문제는 데카르트의 철학을 받아들인 당시의 말브랑슈Nicolas Malebranche 같은 철학자가 심신의 상호작용은 결코 설명할 수 없다며 결국 합리적인 답변을 포기하게 만들었다. 데카르트의 심신 이론을 받아들이면 마음은 이 물리 세계의 어떤 것도 변화시킬 수 없다고 결론 내려야 한다.

데카르트가 답변하지 못한 문제는 종교적으로 더 큰 반향을 불러일으킬 수도 있었다. 나는 학생들에게 내가 25년 전 다른 대학에서 처음으로 강의를 시작했을 때 동료 교수였던 종교철학 담당 유태인 교수가 제기한 문제를 조심스럽게 소개한다.

마음 또는 영혼과 같이 순수한 영적 존재인 신神도 공간적으로 연장되어 있지 않을 테니까 이 물질 세계의 공간 안에 존재하지 않을 것이다. 그렇다면 신도 이 세계의 어떤 것도 변화시킬 수 없다. 벼락을 던질 수도, 홍수를 가져올 수도 없다.

나는 이렇게 옛 동료 교수의 입을 빌어 강의 시간에 꺼내기 쉽지 않은 이야기를 가져와 학생들을 다소 당황하게 만든다. 그러고는 한 마디 더한다. 이번 일요일에 교회에 나가는 사람은 목사님 또는 신부님께 이 문제를 한번 여쭤보는 것이 어떻겠느냐고. 그러면서 모두 함께 웃는다.

기독교인이었던 데카르트는 마음과 몸을 각각 독립적으로 존재하는 두 실체로 보았지만 17세기 네덜란드의 유태인이었던 스피노자는 존재하는 것은 하나의 실체이고 마음과 몸은 단지 이 실체가 가진 두 가지 다른 양상일 뿐이라고 주장한다. 스피노자의 독특한 심신관心身觀을 이해하기 위해서는 기독교와는 다른 유태인들의 믿음 체계를 살펴볼 필요가 있다. 유태인들은 원래 불멸의 영혼을 믿지 않았다. 그들은 아직도 시신을 화장하지 않고 무덤에 매장하는데, 그들의 메시아가 재림할 때 죽은 자들이 그들의 무덤에서 일어난다고 믿기 때문이다. 그들이 영혼 불멸을 믿는다면 그 영혼만 구제되면 될 것이어서 굳이 무덤에서 일어날 이유가 없겠다. 예수가 상처 난 육신 그대로 부활하여 그 몸으로 승천했다는 초기 기독교의 이야기도 유태인들의 이런 믿음과 무관하지 않을 법하다.

스피노자는 영혼 또는 마음이 육신을 움직인다는 우리의 상식에 정면으로 도전한다. 그는 우리 몸의 구조가 상상 이상으로 복잡해서 몸의 움직임과 몸에서 일어나는 변화를 설명하기 위해 우리 마음이 내는 의지를 개입시킬 이유가 없다고 본다. 물질 세계에 속하는 아주 복잡한 구조의 몸 자체를 지배하는 물리 법칙만으로도 몸의 모든 변화와 운동을 이해할 수 있다고 믿는다. 마음이 들어올 여지가 없다. 한편 마음속에서 일어나는 모든 변화도 굳이 몸에서 일어나는 현상을 끌어들이지 않아도 마음의 세계에 관한 법칙만으로 이해하고 설명할 수 있다고 본다. 그러면서 그는 이런 물리 법칙과 마음의 법칙이 상이相異해서 서로 소통이 불가능하다고 주장한다. 20세기 미국의 철학자 도널드 데이비슨Donald

Davidson도 유사한 주장을 폈는데, 우리는 데이비슨의 견해를 통해 스피노자를 더 잘 이해할 수 있다.

지금 여기 앉아 있는 베티가 두통을 심하게 앓고 있다고 가정하자. 베티의 머릿속에서 어떤 사건(event)이 일어나고 있다. 여기 생긴 사건은 하나인데, 그것을 우리 일상의 심리학적 용어로 표현하면 '통증' 또는 '두통'이다. 그런데 그것을 신경생리학적으로 서술하면 '특정 뉴런 다발에 생긴 자극(stimulation)' 정도가 된다. 그러면 다시 질문해 보자. 지금 여기에는 몇 개의 사건이 있는가? '두통'이라는 심리적 사건과 '뉴런 다발의 흥분(excitation)'이라는 물리적 사건이 있으니까 두 개의 다른 사건이 있다고 보아야 하나?

데이비슨에 의하면 존재론적으로는 단지 하나의 사건만 있을 뿐이다. 그것이 심리학의 용어로는 두통이고, 신경생리학의 표현으로는 뉴런 다발의 흥분이다. 말하자면, 단지 하나의 사건에 대해 우리가 사용하는 관점과 언어의 종류에 따라 다른 표현이 생겨날 뿐이다. 이 견해는 사유와 존재의 경제성 원리, 즉 오컴의 면도날 원리에 충실하다.

데이비슨의 견해는 1960년대부터 20여 년 동안 형이상학과 심리철학을 풍미했는데, 이와 구조적으로 동일한 견해가 이미 17세기에 살던 스피노자에 의해 제시되었다. 존재하는 실체는 단 하나이다. 그는 이 실체를 '사고思考의 언어'로 서술하면 마음의 세계가 펼쳐지고, '연장延長의 언어'로 기술하면 물질의 세계가 전개된다고 보았다.

연장의 언어로 서술되는 물질 세계를 주관하는 법칙은 단연 원인과 결과에 관한 인과因果 법칙이다. 우리는 자연 세계에 존재하는 것들을 원인과 결과의 관계로 정리하며 물질 세계를 기계론적(mechanistically)으로 이해하고 설명한다. 성냥을 그으면 불이 붙고, 신경 체계에 전기 자극을 주면 손이 올라간다. 물은 높은 곳에서 낮은 곳으로 흐르고, 길바닥의 물기는 햇빛에 의해 증발한다. 어떤 이유나 의도 또는 목적 없이 그저 자연 세계의 인과 법칙에 의해 그렇게 된다.

우리 심리 현상을 이해하고 설명하는 법칙은 다르다. 우리 마음은 어떤 목적을 가지고 그것을 달성하려는 의지를 내는데, 이런 의지는 목적론적(teleologically)으로 이해해야 한다. 예를 들어 내가 손을 들려는 이유는 찬성을 표현하기 위해서이고, 노후의 안정적 생활을 위해 이번 달도 연금을 붓는다. 그리고 믿음 또는 지식의 체계는 정합적整合的이고, 합리적이며, 또 그 안의 믿음들 사이에 서로 모순이 없어야 한다는 원칙이 있는데, 우리는 물질 세계에도 이런 원칙이 존재한다고 보지는 않는다. 그래서 마음의 세계와 물질 세계는 법칙적으로 소통이 안 된다.

위의 논점을 설명하기 위해 나는 농담을 하나 더한다.

"톰, 지난 며칠 마음 편히 잘 지냈어?"

"응, 그동안 내 뇌의 모든 세포가 정상적으로 기능했어."

이 대화가 코미디로 여겨지는 것은 심리적 차원에서의 질문을 물질적 차원에서 답했기 때문이다. 마음과 몸의 두 차원을 아무렇게나 가로지르면 안 된다.

제18강
몸과 마음, 그리고 다른 사람의 마음

17세기까지는 모든 학문이 철학 안에서 이루어졌다. 그래서 그때까지 잘 알려진 철학자들은 모두 최고의 학자들로서 당대의 대표적 지성들이었다. 여러 세기 동안 학계의 엄정한 검증을 통과해 지금까지 우리에게 전해지는 그들의 저술은 읽을 때마다 감탄을 금하기 어려운 훌륭한 내용으로 충만하다. 17세기 프랑스의 철학자 말브랑슈의 책도 예외가 아니다.

　　데카르트보다 한 세대 나중에 활동한 말브랑슈의 통찰을 이해하기 위해 나는 내가 만든 예를 들며 학생들과 다음과 같이 문답을 주고받는다.

"모든 물체는 왜 지구의 중심을 향해 떨어지는가?"

"지구의 중력이 있기 때문입니다."

"중력은 왜 그리고 어떻게 존재하는가?"

"…"

중력의 존재는 17세기까지도 자명한 진리가 아니었다. 17세기 초중반에 살았던 뉴턴은 그의 물리학을 완성하기 위해 단지 가설(hypothesis)로서 중력의 존재를 상정한다. 눈에 보이지도, 손에 잡히지도 않는 그런 존재가 있다고 가정해 보자는 제안이었다. 그리고 그는 '중력이란 지구의 중심을 향해 물체를 끌어당기는 힘이고, 모든 물체는 지구의 중력으로 인해 지구의 중심을 향해 낙하한다'고 설명한다. 그런데 이러한 설명은 논리학적 관점에서는 선결 문제 요구의 오류를 범한다. 중력의 존재를 독립적인 근거로 밝힌 적이 없기 때문이다. 이런 문제는 근본적으로 우리가 중력이 무엇인지를 알지 못하기 때문에 나타난다.

그래도 말브랑슈의 주장을 이해하기 위해 중력의 존재를 일단 받아들여 보자. 중력은 왜 물체를 잡아당기는가? 마땅한 답변이 떠오르지 않는다. 그냥 그렇게 잡아당긴다고밖에 할 수 없다. 이것은 일종의 우주의 섭리 같은 것이라고 보아야 하겠는데, 기독교의 영향력이 지대했던 곳에 살던 말브랑슈는 그것을 '창조주의 섭리' 또는 '신의 신성한 개입(divine intervention)'으로 서술한다. 그에 의하면 신은 언제나 물체가 존재하는 모든 경우(occasion)에 그 물체가 지구의 중심을 향해 떨어지도록 만든다. 그렇기 때문에 모든 물체가 지구의 중심 방향으로 낙하한다. 신은 언제 어디서나 존재하므로 물체가 지구의 중심을 향해 떨어지지 않는 일은 없다.

다른 예를 하나 더 살펴보자.

"거친 표면 위에 성냥을 적당한 압력으로 그으면(원인) 불이 붙는다(결과). 왜 그런가?"

"…."

"성냥을 긋는 사건(원인)과 불이 붙는 사건(결과) 사이에는 어떤 필연적인 관계가 있는가?"

"…."

성냥을 아무리 살펴보아도 그 안에 불이 보이지는 않는다. 그런데 성냥을 그으면 불이 붙는다. 우리가 물리학과 화학의 법칙을 동원해 설명하려 할 수 있지만, 이런 법칙들도 따지고 보면 성냥을 그을 때 불이 붙는 사건이 반복되는 패턴을 기술할 뿐 이 두 사건이 본질적으로 연결되어 있음을 보여 주진 못한다. 이 점을 드라마틱하게 설명해 보자면, 동일한 조건에서 성냥을 1조 번 그어 1조 번 불이 붙었어도 신이 마음만 바꿔 먹으면 (또는 자연 법칙이 갑자기 변하면) 그 다음 번에는 불이 붙지 않을 수 있다. 두 사건 사이에 필연적인 관계는 없다.

사건과 사건의 관계에 대한 인과적 설명이 불가능한 가장 좋은 예는 몸과 마음의 관계다. 데카르트의 철학을 받아들여 마음이 생각하지만 공간 안에 존재하지 않는 실체라고 받아들인 말브랑슈는 마음이 공간 속에 존재하는 물체인 몸과 상호작용하며 합체(union)를 이룰 수는 없다고 판단한다. 학생들에게 질문한다.

마음속에서 손을 올리려는 의지(원인)가 있으면 손이 올라간다(결과). 그런데 우리는 이 원인과 결과 사이의 관계를 법칙적으로 설명할 수 있는가? 의지가 가진 힘이 과연 무엇이고, 그런 힘이 존재한다면 어떻게 몸에 접촉해 팔을 올릴 수 있는가? 한편 그 반대의 경우도 마찬가지다. 팔에 큰 상처가 나면(원인) 우리 마음은 통증을 느낀다(결과). 이렇게 몸에 일어난 변화가 어떤 힘을 가지고 마음에 통증을 느끼게 만드는가? 우리는 이 인과 과정(?)에 대한 이해가 조금이라도 있는가?

위의 여러 질문에 대해 학생들은 모두 묵묵부답이다. 우리는 21세기인 지금도 몸과 마음 사이의 법칙적 관계에 대해 제대로 아는 바가 없다. 특정 신경세포 다발이 흥분하면 통증을 느끼는데, 도대체 왜 그리고 어떻게 그렇게 느낄까? 그 세포 다발이 자극될 때 쾌감이나 간지러움이 아니라 하필 왜 통증을 느낄까? '미국의 초대 대통령은 조지 워싱턴이다'라고 생각하는 나의 의식 상태는 내 뇌의 신경세포들과 어떻게 연관되어 있을까?

데카르트는 몸과 마음이 긴밀히 연결되어 합체를 이루며 상호작용한다고 믿었다. 그러나 말브랑슈는 심신 사이의 관계가 불가해하며 심신의 상호작용은 불가능하기 때문에 심신의 합체도 이룰 수 없다고 주장한다. 실제로는 신이 몸의 변화에 그때그때 반응해 마음을 변화시키고, 반대로 마음이 원하는 대로 신이 몸을 움직이고 변화시킨다. 그렇기 때문에 마치 몸과 마음이 서로 인과적으로 상호작용하는 것처럼 보일 뿐이다. 자연 세계의 모든 운동과 변화 그리고 심신의 상호작용은 오직 신의 신성한 개입에 의해서만 가능하다.

존재하는 것들은 오직 신만이 인과 관계로 연결시켜 줄 수 있다. 신을 끌어들여 인과 관계를 설명하는 말브랑슈의 견해가 21세기에 사는 우리에게는 다소 뜻밖으로 들릴 것 같다. 그러나 기독교인이 아니면서도 나는 그의 주장에 어느 정도 동정적이다. 이 세계에 분명히 존재하는 것 같은 인과 관계를 더 잘 설명하는 다른 방법이 없어 보이기 때문이다. 사건들 사이에 필연적인 인과 관계가 존재하지 않고 또 그에 대한 합리적 설명이 불가능하다는 그의 통찰은 18세기 스코틀랜드의 철학자 데이비드 흄의 주장으로 이어진다. 흄은 인과 관계란 단지 시간적·공간적으로 가까운 사건들이 반복적으로 일어나는 패턴일 뿐이라는 놀라운 통찰을 제시한다. 나중에 과학철학 부분 강의에서 상세히 다루겠다.

지금까지 마음과 몸이 인과적으로 상호작용하는가의 문제를 살펴보았다. 그런데 내 마음은 다른 사람의 마음과 어떤 관계를 맺고 있을까? 아니, 그보다 먼저, 내가 내 마음의 존재를 확신하더라도 다른 사람의 마음의 존재 또한 확신할 수 있을까? 나는 내 마음속에서 일어나고 있는 현상을, 예를 들어 욱신거리는 두통을 어떤 매개도 통하지 않고 직접적으로 느낀다. 내가 아프다고 느끼면 제아무리 다른 누가 아니라고 우겨도 나는 아프다. 내 두통에 대해 나는 결코 틀릴 수가 없다. 그런데 다른 사람들도 나와 같은 마음을 가지고 나와 같이 느낄까? 그들의 마음에 직접 접근할 수 없는 제삼자인 내가 그들의 마음도 나와 마찬가지라는 것을 어떻게 확신할 수 있을까? 결코 그럴 수 없다. 다른 사람도 나와 같은 마음을 가지고 있다는 것을 직접 알 길이 없기 때문이다. 이

것이 철학에서 논의하는 '다른 마음의 존재에 관한 문제'이다.

　19세기 영국 철학자 존 스튜어트 밀은 의외로 쉽게 이 문제를 해결할 수 있다고 본다. 그는 그의 논리학 관련 저술에서 체계적으로 확립한 비유적 논증(analogical argument)을 이용해 다른 사람의 마음의 존재를 증명하려 한다. 다음의 예로 비유적 논증을 설명해 보겠다. 2021년도, 2022년도, 그리고 2023년도 뷰익Buick 시리즈 자동차들은 튼튼하고 고장이 안 나며 연비가 좋다. 2024년 뷰익들도 튼튼하고 고장이 안 난다. 그러므로 2024년도 뷰익들은 연비도 좋을 것이다. 이런 논증은 우리 일상뿐 아니라 자연과학 연구에서도 사용하는, 상식에 가까운 방법이다.

　밀은 우리 스스로의 경우에 비유해 다른 모든 사람의 마음의 존재를 증명할 수 있다고 생각한다. 누군가가 내 팔을 심하게 비틀면 내 마음은 통증을 느끼고, 나는 비명을 지르며 얼굴을 찌푸릴 것이다. 그런데 다른 사람도 그의 팔을 비틀면 나와 마찬가지로 '아야' 소리를 내며 얼굴을 찡그린다. 그렇다면 그도 분명 나와 같이 마음속에서 통증을 느끼기 때문에 그럴 것이다. 한편 투표에서 찬성하려는 마음이 생기면 그 의도가 손을 들게 하는데, 다른 사람도 찬성하겠다며 손을 드는 것을 보면 그도 마음에 그런 의도가 생겨서일 것이다. 이와 같이 밀은 내가 마음을 가지고 있기 때문에 하는 모든 행위를 다른 사람들도 유사하게 한다는 관찰로부터 다른 사람들도 나와 마찬가지로 마음을 가지고 있다고 보아야 한다고 판단한다.

밀의 논증이 가진 철학적 문제는 어렵지 않게 파악할 수 있다. 내가 마음을 가지고 있기 때문에 이러저러하게 행동한다는 단 하나의 사례로부터 이 지구상에 있는 80억 명에 가까운 사람들도 나와 마찬가지로 마음을 가지고 있다고 추론하는 것이 이치에 맞을까? 그럴 수 없다. 이것은 전형적으로 성급한 일반화의 오류에 해당하는 논증이다. 내가 아침저녁으로 쌀밥을 먹으며 강의하고 있으니까 내가 재직하는 미국 대학에서 강의하는 수백 명의 동료 교수들도 모두 아침저녁으로 쌀밥을 먹고 있을까? 아니다.

성급한 일반화는 분명 논리적 오류이다. 그런데 그렇다고 해서 오류를 범하지 않는 좋은 방식으로 다른 사람의 마음의 존재를 증명할 방법이 있다는 것은 아니다. 비록 그가 그의 책에 적어 놓지는 않았지만 밀도 이런 논리적 문제를 인식하고 있었을 것이다. 나는 단지 그가, 우리 모두와 마찬가지로, 더 나은 증명 방법을 찾지 못해 어쩔 수 없이 이런 논증을 제시했을 뿐이라고 다소 동정적으로 생각한다.

20세기 오스트리아 출신 영국 철학자 비트겐슈타인은

'상자 속의 딱정벌레'의 예를 들며 우리가 다른 사람의 마음의 존재를 증명할 수 없다는 점을 보여 준다. 다섯 명이 모여 각각 벌레 한 마리가 들어 있는 상자 하나씩을 앞에 놓고 게임을 한다고 가정해 보자(벌레는 마음과 마음이 가진 내용에 대한 비유다). 각자는 자기 앞의 상자 안을 볼 수 있지만 아무도 다른 사람의 상자를 들여다볼 수는 없다. 나는 내 상자 안에 딱정벌레를 가지고 있다. 톰, 제리, 엘사, 그리고 리사 모두 딱정벌레를 가지고 있다고 말한다. 그런데 사실인즉 톰은 자기 상자 안에 방아깨비를, 제리는 메뚜기를, 엘사는 무당벌레를, 그리고 리사는 아무것도 가지지 않았다. 그런데 이들은 모두 진심으로 딱정벌레를 가지고 있다고 믿는다. 그런데 여기에서 아무도 다른 사람의 상자 안을 볼 수 없기 때문에 어느 누구도 다른 사람이 가진 벌레가 자기 벌레와 다르다는 점을 확인할 수 없다.

상자 안에 아무 벌레도 가지지 않은 리사는 철학자들이 말하는 '좀비'에 해당된다. 좀비는 우리처럼 말하고, 웃고, 걷고, 잠자고, 토론하지만 의식은 전혀 없는 존재다. 그래서 리사는 마음이 없다. 그런데 우리는 그 점을 확인할 길이 없다. 다른 사람들도 비록 마음은 있지만 나의 마음과는 전혀 다른 내용을 가지고 있을 수 있다. 이 또한 검증할 방법이 없다. 내가 팔을 꼬집혀서 '아야' 하는 소리를 내며 갖는 통증(딱정벌레)이 다른 사람들이 동일하게 '아야' 소리를 내며 갖는 감각 (방아깨비, 메뚜기, 무당벌레)과 질적으로 동일하다는 보장도 없다. 탐은 '아야' 하면서 내가 간지러울 때 갖는 느낌을, 그리고 제리는 내가 달콤한 초콜릿을 먹을 때 갖는 평화로운 느낌을 가질 수도 있기 때문이다. 이들이 나를 속이려고 그러는 것이 아니라 그들이 '아야' 할 때 정말 그렇게 느끼고 있을지도 모른다는 것이다. 이와 같이 다른 사람의 마음의 존재를, 또 마음이 존재하더라도 그 내용을 의심의 여지 없이 확인하기란 원칙적으로 불가능한 것 같다. 이것은 근본적으로 내가 다른 사람의 마음에 직접 접근할 수 없기 때문에 그렇다.

제19강
마음의 특징과 몸의 움직임

심리학이 성장한 19세기부터는 철학도 심리학의 연구 결과
에 주목하게 된다. 오스트리아의 철학자이자 심리학자였던
브렌타노Franz Brentano는 심리학 및 자연과학이 이룩한 경험
적 연구 결과를 토대로 17세기 데카르트의 심신 이론 이후
굳어진 전통적인 마음과 몸의 관계를 현대적으로 재정립하
고자 시도한다. 그가 정신 현상의 특징으로 지목한 지향성指
向性(intentionality, aboutness)은 오늘날까지도 철학자 대부분이
받아들이고 있다. 이번 강의는 그의 지향성에 관한 논의를
소개하며 시작하겠다.

브렌타노는 의식 내용을 구성하는 모든 자료는 물리 현
상과 정신 현상의 두 그룹으로 나뉜다고 본다. 이것은 서양

종래의 분류 방식에서 벗어나지 않는다. 브렌타노도 정신 현상이 '내적 지각(inner perception)'의 대상이라는 전통적 견해를 긍정적으로 평가한다. 철학에서는 이런 대상을 '표상表象 (representation)'이라고 부르기도 한다. 우리 각각은 자신의 마음속 극장 무대 위에서 펼쳐지는 이런 표상 또는 정신 현상의 전개를 관람하는 유일한 청중이다. 우리가 지각하는 대상이 마음 밖이 아니라 모두 마음속에 존재하는 표상이라는 점은 쉽게 증명할 수 있다. 밤하늘의 수많은 별 가운데는 수억 광년이나 멀리 떨어져 있는 것들도 있다. 그 별빛이 우리 눈의 망막에 닿아 신경 체계를 거슬러 올라가 뇌에서 (또는 우리 마음이) 그런 별의 이미지를 볼 때면 그 별들 가운데 여러 개는 이미 오래전에 사라져 버린 다음이다. 우리는 더 이상 존재하지도 않는 별을 볼 수는 없다. 그런데도 실제로 우리는 그런 별을 보고 있다. 그래서 우리가 보는 별은 단지 오래전에 만들어진 별빛을 우리 뇌/마음이 해석해서 구성해낸 마음속 이미지(표상)일 뿐이다. 이와 같이 우리의 지각 대상은 마음 밖 대상이 아니라 근본적으로 마음속에 있는 그 대상에 대한 표상이다. 지구상에 존재하는 다른 모든 물리적 대상에 대해서도 마찬가지다. 아무리 짧은 시간이어도 빛이 우리 망막에 도달하는 시간이 걸리기 때문에 우리는 그 대상을 직접 경험하는 것이 아니라 그 대상의 직전 모습에 대한 마음속

표상을 지각한다.

물리적인 대상도 마음속에 존재하는 표상으로만 관찰된다면 그밖에 감정, 믿음, 희망 등의 모든 정신 현상이 마음속에만 존재하는 대상이라는 점은 따로 논증할 필요가 없겠다. 그리고 지금까지 여러 번 강조했듯이, 우리는 우리 마음의 상태를 내적으로 직접 의식한다. 우리가 파악하는 의식 내용에는 의심의 여지가 없고, 우리는 그것을 파악하는 데 결코 실수하지 않으며, 그 내용은 우리에게 자명하게 다가온다. 우리 마음에 3인칭 관점에서 접근할 수밖에 없는 다른 사람이나 자연과학 연구자에게는 이런 특권이 없다.

브렌타노는 마음의 속성에 관한 전통적인 견해를 받아들이면서 자신의 중대한 통찰을 제시한다. 그는 정신 현상은 근본적으로 어떤 대상을 향해 있다고 주장한다.

"헌터, 사랑하는 대상 없이 사랑할 수 있는가?"
"그럴 수 없습니다."
"제니, 의심하는 대상 없이도 의심할 수 있는가?"
"그런 의심은 불가능합니다."
"스티브, 믿는 대상이 없이 믿을 수 있는가?"
"그럴 수도 없습니다."

사랑, 미움, 믿음, 의심, 희망, 절망 등의 정신 현상은 모두 언제나 어떤 대상을 향해 있다. 이렇게 무엇인가를 향하는 지향성 없이는 정신 현상이 존재할 수 없다.

정신 현상과는 대조적으로 물리 현상에는 지향성이 전혀 보이지 않는다. 저기 저 산 중턱에 놓여 있는 바위는 무엇을 지향하고 있는가? 그것은 무엇에 관한 것인가? 바위는 아무것에 관한 것도 아니고, 아무것도 지향하지 않는다. 그저 존재할 뿐이다. 강물, 하늘, 산, 나무 등도 모두 그냥 그대로 존재할 뿐이다.

"그런데 인간이 만든 물건은 무엇인가를, 즉 용도를 지향하고 있지 않습니까? 예를 들어 학교 건물은 학생을 교육하기 위해 만들어졌으니 교육이라는 목적을 지향하고 있다고 보아야 하지 않을까요? 그리고 도로 표지판의 화살표는 방향을 지시하는데, 이런 것들은 지향성을 가지고 있다고 보아야 옳지 않겠습니까?"

"좋은 질문이다. 그런데 우리는 '인간이 만든'이라는 구절에 주목해야 한다. 인간은 어떤 용도를 위해 건물을 짓고 도로 표지판을 세운다. 그런 건물과 도로 표지판은 인간에게는 용도가 있지만, 그것들 자체가 무엇인가를 지향하지는 않는다. 말하자면, 인간의 정신 작용이 그런 용도를 지향하고 있는 것이지, 벽돌로 쌓아 올린 물체와 금속판에 칠해진 페인트가 스스로 어떤 지향성을 가지는 것은 아니다."

한편 정신 작용이 지향하는 대상은 마음 밖이 아니라 마음속에 존재한다. 우리는 지금까지 지각의 대상이 마음속 관념(idea)이라는 점을 여러 차례 논의해 왔는데, 이것을 상기하면 정신 작용이 마음속에 있는 대상을 지향한다는 점도 쉽게 수긍이 간다. 많은 서양인들이 유니콘과 페가수스(날개 달린 말)를 사랑한다. 그런데 이것들은 실제로 세계에 존재하지 않는 신화적 동물들이다. 그렇지만 우리는 이들에 대한 표상을 가지고 있다. 그리고 우리는 존재하지도 않는 이런 것들의 표상을 사랑하고 미워한다. 실재하지 않는 것들도 그것에 대한 표상만 있으면 그에 대한 정신 현상이 성립하기 때문이다. 실제로 존재하는 것들에 대한 사랑, 의심, 믿음, 희망, 기대 등 우리의 모든 정신 현상도 실은 모두 마음속에 있는 그것들에 대한 표상을 대상으로 삼아 성립된다.

브렌타노의 지향성에 관한 논의는 부정할 수 없는 진리인 것 같다. 그렇다면 여러분은 여러분의 남자 또는 여자 친구를 사랑하지 않고 그들에 관한 표상을 사랑하고 있는 것이다!

부부도 서로가 아니라 서로에 관한 표상을 사랑하는 것이란 말을 더하며 나는 학생들과 함께 웃는다.

지금까지 어떤 구체적인 대상에 대한 지향성을 논의했는데 지향성의 대상은 실은 대부분 명제(proposition)다. 현대 언어철학과 심리철학은 이 점을 분명히 하고 있다. 다음의 예들을 살펴보자.

- 나는 지구가 둥글다고 믿는다.
  - '지구는 둥글다'는 명제가 믿음이 지향하는 대상
- 톰은 이번 선거에서 민주당 후보가 선출되기를 희망한다.
  - '이번 선거에서 민주당 후보가 선출되다'가 희망의 대상
- 줄리는 내년 경기가 올해보다 침체될 것이라고 예상한다.
  - '내년 경기가 올해보다 침체되다'가 예상의 대상

그러나 브렌타노의 논의도 완벽하지는 못했다. 심리철학자들은 정신 현상임에도 불구하고 뚜렷한 대상을 가지고 있지 않은 것들이 있다는 점을 지적해 왔다. 예를 들어 '우울한 느낌'이나 '불안감(angst)' 등은 어떤 특정 대상에 관한 것은 아니지만 우리 정신 현상의 일부임은 틀림없다. 비록 이와 같은 반례가 있지만 정신 현상의 특징으로서의 지향성에 관한 브렌타노의 통찰은 오늘날까지도 심리철학의 정설로

받아들여지고 있다.

20세기 중반에 활동한 영국 철학자 길버트 라일Gilbert Ryle은 우리 마음도 자연과학의 연구 대상과 마찬가지로 객관적으로 관찰할 수 있는 방식으로 해석되어야 한다고 본다. 그는 마음이라는 사적私的인 극장과 공적公的으로 관찰 가능한 물질 세계 사이의 간격을 메우려 시도한다. 그는 마음속의 사건과 속성이 실은 몸에서 일어나는 사건과 속성일 뿐이라고 보는데, 이 주장을 뒷받침하고자 예를 둘 제시하면서 '범주 오류(category mistake)'의 문제를 지적한다. 그의 예를 조금 변경해 소개해 보겠다.

영국 케임브리지대학은 30여 개의 독립적인 소규모 대학, 즉 칼리지College들로 구성되어 있다. 지난 800여 년에 걸쳐 케임브리지 지역 여러 곳에 칼리지가 하나씩 생겨나 지금은 시 전체에 칼리지들이 흩어져 있다. 칼리지들 사이에는 시장, 음식점, 강, 버스정류장, 극장, 관공서, 일반주택 등 여느 도시가 가지고 있는 건물과 시설이 있어서 케임브리지 시市가 도시로서의 기능을 유지하고 있다. 외국인 방문자가 케임브리지에 와서 하루 종일 여러 칼리지 건물과 도서관, 강의실, 실험실 등을 구경하고 많은 교수와 학생들을 만나본다고 가정해 보자. 이 방문자는 다음과 같이 자문할 수 있다.

나는 온종일 교수와 학생을 만났고, 여러 건물을 방문했다. 그런데 케임브리지대학은 어디에 있는 걸까?

라일에 의하면 이 질문은 범주 오류를 범한다. 케임브리지대학은 여러 건물과 그 안에 있는 교수 및 학생과 별도로 어떤 다른 범주에 속해 존재하는 대상이 아니다. 그 여러 건물과 사람들이 바로 케임브리지대학이기 때문이다.

더 재미있는 예도 있다. 국군의 날 행사에서 육군 제27사단이 시가행진을 벌인다고 상상해 보자. 시민들은 아이들을 데리고 나와 함께 환호한다. 1만 명에 달하는 병사와 장교, 그리고 장군이 행진해 나간다. 많은 트럭과 자주포 그리고 탱크 등 장비도 따라간다. 군인과 장비가 모두 지나간 후 도로변에 서 있던 아이가 문득 아버지에게 질문한다.

용감한 군인과 멋진 무기를 다 보았는데, 27사단은 어디에 있지요?

이 아이도 범주 오류를 범했다. 그 군인과 무기 및 장비가 바로 27사단이지, 그것들 밖에 따로 27사단이 존재하는 것이 아니기 때문이다.

라일은 우리의 심리 현상 또한 마찬가지로 이해되어

야 한다고 강조한다. 우리는 핀에 찔리면 통증을 느끼고 '아야' 하면서 얼굴을 찡그린다. 전통적으로 통증은 마음 안에만 존재하는 것으로서 제삼자의 관점에서 객관적으로 관찰할 수 있는 대상이 아니라고 여겨졌다. 그런데 라일은 '일반적으로 세포 조직이 파괴되어 '아야' 하는 소리를 내고 얼굴을 찌푸리며 도망치려는 행동을 하게 만드는 우리의 성향(disposition)' 자체를 통증으로 보아야 한다고 주장한다. 만약 우리가 통증이 이렇게 관찰 가능한 물리 현상이 아닌 별도의 범주에 속한다고 생각한다면 범주 오류에 빠지게 되고 만다. 여기서 세포의 파괴, '아야' 하는 소리, 찌푸린 얼굴, 도망치는 행위 등은 모두 객관적으로 관찰 가능하다. 마음속의 주관적 세계에만 존재한다고 보았던 통증을 이렇게 공적으로 또 객관적으로 확인 가능한 물리 현상으로 분석해 이해한다면 정신 현상에 대한 연구를 과학의 수준으로 끌어올릴 수 있다. 라일의 이러한 견해는 심리학에서 행동주의(behaviorism)의 출현과 맞물려 있다.

정신 현상에 관한 연구를 전통적인 주관적 방법에서 탈피해 자연과학 수준의 객관성을 확보하려 한 행동주의가 20세기 중반 이후 모든 심리철학 교과서 제1장을 차지하는 것은 우연이 아니다. 그러나 행동주의는 곧 극복하기 어려운 반례에 직면한다. 옛 스토아학파와 스파르타인은 고통을 겉으로 드러내지 않도록 부단히 노력하고 단련했다. 오랜 수련을 거쳐 몸에 상처가 나도 소리를 지르거나 얼굴을 찌푸리지 않게 되었다. 그러나 그렇다고 해서 그들 마음에 통증이 없었던 것은 아니다. 또 데카르트가 팔걸이의자에 앉아 미동도 없이 몇 시간 동안 철학적 명상을 진행하는 장면을 상상해보자. 그의 행동에는 눈에 띄는 변화가 없다. 그러나 그렇다고 해서 그의 마음에도 아무 변화가 없었던 것은 아니다. 비록 라일의 행동주의가 이와 같은 반례들에 부딪혔음에도 불구하고 행동주의는 그 이후 전개되어 지금도 발전하고 있는 심리철학을 태동시키는 데 기여했다.

과학 ————————

과학철학

제20강
과학과 철학

과학과 과학을 기반으로 하는 기술이 21세기 문명을 선도하고 있다. 정치·경제·사회·문화의 모든 분야가 과학기술의 발전에 발맞추어 변화하고 있다. 대학의 학과들도 소위 스템 (STEM, 과학·기술·공학·수학) 위주로 재편되고 있다. 과학의 시대에 사는 철학자들이 이토록 성공적인 과학의 속성에 관해 지적 관심을 기울이는 것은 자연스럽다. 그런데 철학과 과학의 관계는 우리가 일반적으로 생각하는 것보다 훨씬 더 밀접하다.

수학과 물리학 등 제반 과학 분야의 최종 학위가 'Ph.D.' 라는 점이 이런 긴밀한 관계를 상징적으로 보여 준다. 우리 강의의 첫 시간에 지적했듯이 'Ph.D.'는 'Doctor of Philo-

sophy'의 줄임말이고, 그 어원으로 볼 때 '철학박사'라는 뜻
이다. 그런데 나 같이 철학을 전공한 사람의 박사학위가 철
학박사인 것은 맞겠지만, 물리학이나 생물학의 박사학위도
철학박사인 점은 어리둥절하다. 이 의문은 수천 년 동안 모
든 학문이 원래 철학의 분과였다는 사실에 주목하면 풀리게
된다. 17세기 중반에 활동했던 뉴턴도 실은 자신이 철학자
라고 생각했다. 그의 저서명이 『자연철학의 수학적 원리』인
데, 이것은 그가 자연에 관한 철학을, 즉 오늘날의 물리학을
수학적으로 연구한 결과를 수록한 책이라는 뜻이다. 모든 자
연과학 분야가 철학의 일부였기 때문에 이 분야 연구자의 박
사학위도 '철학박사'였고, 그 오랜 전통이 오늘날까지도 남
아 있다.

　　서양철학은 그 시원부터 과학과 분리될 수 없었다. 만물
의 근원이 물이라고 본 탈레스는 물의 속성을 통해 자연 세
계를 설명하려 했다. 헤라클레이토스Hērakleitos는 불을 만물
의 원리로 보면서 만물이 불과 같이 끊임없이 변화한다고 주
장했다. 좀 더 형이상학적 사고를 전개한 피타고라스학파는
우주가 수적數的이라고 주장하며 수학을 연구·발전시켰다.
수학을 중요시한 플라톤은 그가 세운 학교 아카데미아의 정
문 위에 '기하학을 모르는 자, 여기 들어오지 말라'고 써넣을
정도였다. 아리스토텔레스는 생물학을 창조했는데, 그의 제

자였던 알렉산더 대왕은 정복지마다 새로운 동식물 표본을 수집해 스승에게 보냈다고 한다. 17세기에 살았던 데카르트도 당대 최고의 수학자이자 물리학자였다. 18세기의 칸트는 대학에서 물리학도 강의했다. 철학과 자연과학이 서로 독립된 분과로 존재하게 된 것은 실은 지난 200여 년 정도에 불과하다.

과학은 자연 현상을 법칙적으로 설명하고 예측하려는 시도이며, 우리는 자연에 대한 이런 법칙적 접근을 통해 자연을 통제하고 이용하는 기술을 발전시킨다. 이런 과정은 먼저 사물에 대한 '과학적' 설명으로부터 시작하는데, 과학적 설명은 사물이나 현상의 원인과 결과를 특정하면서(identify) 진행된다. 고대 그리스의 아리스토텔레스는 '사원인론四原因論'으로 알려진 그의 네 가지 설명 방법을 통해 과학적 설명의 기초를 다진다. 그가 말하는 네 가지 종류의 원인이란 실은 네 가지 설명 방법을 의미하는데, 이 사원인론과 네 설명 방법의 차이를 살펴보기 위해서 먼저 인과 관계가 가지는 두 가지 특징에 주목할 필요가 있다.

(1) 원인과 결과 사이에는 시간 간격이 있다.
(2) 원인과 결과 사이에는 중간 단계들이 있다.

브루투스가 시저를 칼로 찔러 살해했다. 브루투스가 칼로 찌른 행위가 원인이고, 시저의 죽음이 그 결과다. 그런데 브루투스가 시저를 칼로 찌른 바로 그 순간 시저가 죽지는 않고 어느 정도 시간이 흐른 뒤 사망했다. 시간이 경과하며 출혈량이 더 많아지면서 그의 몸에 여러 문제가 더 생기는 중간 단계들을 거쳐 숨을 거두었다. 만약 사망 전에 출혈을 막고 상처를 성공적으로 봉합했다면 시저가 사망하지 않았을 것이다. 이와 같이 시간적 경과와 중간 단계들이 인과 관계의 존재를 보여 주는 징표들이다. 성냥을 그어 불을 붙이는 행위, 물이 끓으면 증기가 발생하는 등 모든 인과 관계는 이 두 징표를 가지고 있다. 소립자물리학이 보고하는 예외적인 경우들은 우리 강의에 적합한 예가 아니어서 논의를 생략하기로 한다.

이제 아리스토텔레스의 사원인론의 내용을 살펴보자. '망치는 쇠로 만들어 단단하다.'라는 문장은 망치의 물질적 바탕인 쇠의 단단함을 언급함으로써 망치가 왜 단단한가를 설명하고 있다. 여기서 쇠는 망치의 질료인質料因(material cause)에 해당된다. 청동은 청동 조형물의 질료인이고, 은銀은 은쟁반의 질료인이다. 그런데 쇠와 망치 사이에는 시간 간격이나 중간 단계가 존재하기 않기 때문에 쇠와 망치가 원인과 결과의 관계에 있지는 않다. 아리스토텔레스의 질료인은 원인이라기보다는 우리가 주어진 물체의 물질적 바탕을 언급하면서 그 물체의 속성을 설명하는 경우로 이해해야 옳겠다.

'2:1의 비율(ratio)은 한 옥타브의 형상인形相因(formal cause)이다.' 고대 그리스인들은 현악기에서 줄의 장력은 동일하지만 길이의 비율이 2:1인 두 줄이 내는 음의 차이를 한 옥타브로 보았다. 아리스토텔레스는 이런 비율을 한 옥타브의 형상인이라고 불렀다. 그에 의하면 조각상의 모양(form) 또한 그것의 형상인이다. 사물의 모양, 정의定義, 그리고 본질적 속성이 그 사물의 형상인이다. 현대 과학에서 '물 분자는 수소 원자 두 개와 산소 원자 하나로 이루어졌다'는 문장은 물의 분자 구조(물의 '형상')를 보여 주면서 물의 본질적 속성을 설명한다. 형상인이 관련된 관계도 인과 관계의 징표인 시간 간격이나 중간 단계가 존재하지 않기 때문에 형상인은 원인이라기보다는 '형상을 언급하며 이루어지는 설명'으로 이해해야 옳다.

'목수가 여러 시간 동안 작업해 책상을 만들었다.'라고 했을 때 목수의 노동은 책상을 만든 능동인能動因(efficient cause)이다. 아버지는 자식의 능동인이고, 브루투스가 시저를 칼로 찌른 행위는 시저의 죽음의 능동인이다. 일반적으로 무엇인가를 만들거나 변화시키는 것은 그렇게 만들어진 것과 변화된 것의 능동인이다. 아리스토텔레스의 능동인이 포함된 관계는 인과의 징표인 시간 간격과 중간 단계들을 포함하여 현대 과학철학이 인정하는 원인으로서의 자격을 갖춘다. 그래서 능동인을 언급하며 진행하는 설명만이 진정한 의미에서의 '인과적 설명'이 될 수 있겠다.

'왜 산책을 하지?'라는 질문에 우리 대부분은 '건강해지려고.'라고 답한다. 이런 경우 아리스토텔레스는 '건강해짐'을 산책의 원인으로 받아들이며 그것을 산책의 '목적인目的因(final cause)'이라고 부른다. 그가 든 목적인의 다른 예를 보자면, 입안 앞쪽의 송곳니는 음식을 잘 찢기 위해 날카롭게 만들어지고, 어금니는 찢긴 음식을 잘게 부수기 위해 뒤쪽에 뭉툭하게 생겨난다. 해바라기는 햇빛을 더 잘 받기 위해 아침부터 오후 늦게까지 해를 향해 꽃의 방향을 바꾼다. 아리스토텔레스는 생물의 세계뿐만 아니라 물질 세계 일반에도 목적인이 작동한다면서 그의 '목적론적 설명(teleological explanation)'의 중요성을 강조한다. 그러나 현대 과학은 목적인을 더 이상 원인이 아니라 '목적을 언급하며 진행하는 설명'으로만 이해한다. 그리고 목적론적 설명보다는 물질 세계의 순수한 인과 법칙에 근거하는 기계론적 설명(mechanical explanation)을 선호한다.

아리스토텔레스 이후 중세를 거쳐 근대에 이르기까지

는 주목할 만한 과학의 발전이 거의 없었다. 이 2천 년 동안 과학적 연구는 주로 연역적 방법론으로, 특히 아리스토텔레스의 삼단논법(syllogism)에 의존해 진행되었다. 예를 들어,

> 모든 인간은 죽는다.
> … 대전제로서의 자연 법칙
> 소크라테스는 인간이다.
> … 소전제: 자연 법칙이 적용되는 개별 사항
> 그러므로 소크라테스는 죽는다.
> … 결론: 설명 또는 예측되는 특정 자연 현상

위의 삼단논법에서 '모든 인간은 죽는다'는 문장은 우리가 일반적으로 받아들이는 자연의 법칙이다. 여기에 '소크라테스는 사람'이라는 조건이 더해져 그 또한 죽는다는 결론이 도출된다. 그렇지만 이 삼단논법을 통해 새로 발견되는 진리(?)는 극히 사소하다. 우리가 '모든 인간은 죽는다'라는 법칙을 받아들인다면 '소크라테스는 죽는다'는 진리는 실은 딱히 새로 말할 필요도 없이 너무도 자명하기 때문이다.

자연과학의 연구에서 진정으로 중요한 작업은 새로운 법칙의 발견이지, 이미 발견된 법칙으로부터 특정한 경우를 논리적으로 도출하는 일이 아니다. 이것은 만약 우리가 이

미 받아들인 법칙이 잘못되었다면 그것으로부터 도출된 결론은 모두 무용지물이라는 점에 주목하면 쉽게 이해할 수 있다. 다음의 예를 통해 살펴보자.

모든 천체의 궤도는 완전한 원이다.
금성은 천체다.
그러므로 금성의 궤도는 완전한 원이다.

우리는 금성을 포함해 태양계 모든 행성의 궤도가 타원이라는 사실을 알고 있다. 위 삼단논법의 결론인 '금성의 궤도는 완전한 원이다'는 거짓이다. 이 문제는 근본적으로 이 삼단논법의 대전제인 '모든 천체의 궤도는 완전한 원이다'라는 아리스토텔레스의 형이상학에 근거한 법칙(?)이 잘못되었기 때문에 발생한다. 과학 연구에서 중요한 것은 이런 법칙의 진위 여부이지, 이런 법칙으로부터 거의 자동적으로 도출되는 특정 결론이 아니다.

아리스토텔레스 이후 2천 년 만에 위의 문제를 본격적으로 지적하고 나선 철학자가 17세기 영국의 프란시스 베이컨Francis Bacon이다. 우리에게 잘 알려진 '지식은 힘이다'라는 명언을 한 바로 그 사람이다. 베이컨은 아리스토텔레스의 삼단논법과 같은 연역 논리에 근거한 과학 연구방법론에 정면으로 도전한다. 그에 의하면 과학에서 중요한 것은 법칙의 발견인데, 법칙은 우리가 연구를 시작할 때 저절로 주어지는 것이 아니라 모든 연구의 마지막 단계에 가서야 도달하게 되는 것이다. 그래서 아리스토텔레스식의 연역적 방법(deductive method)은 그의 새로운 논리학 및 연구방법론, 즉 귀납적 방법(inductive method)으로 대체되어야 한다고 주장한다.

베이컨은 다음과 같은 방식으로 귀납적 연구 방법을 제시한다.

존재표 (The table of presence)	눈 위에 소금을 뿌릴 때마다 눈이 녹는다.
부재표 (The table of absence)	(동일한 조건에서) 눈 위에 소금을 뿌리지 않으면 눈이 녹지 않는다.
비교표 (The table of comparison)	눈 위에 소금을 더 뿌리면 눈이 더 많이 녹는다.

베이컨이 제시하는 과학 지식 발견을 위한 귀납법은 우리의 상식과 일치한다. 한국을 오래전에 떠난 나는 미국에 와서 처음으로 도로의 눈을 제거하기 위해 소금을 뿌린다는 사실을 알게 되어 신기해했던 기억이 있다. 요즈음은 나도 눈이 오면 우리 집 앞 출입구에 소금을 뿌려 배달원들이 미끄러지지 않도록 한다. 그 밖에도 베이컨이 제시하는 방식으

로 우리가 이런저런 지식을 얻는다는 점은 분명한 것 같다. 상처가 났을 때 바르는 연고의 효능도 위와 같은 방법으로 알게 되고, 또 우리가 먹고 마시는 음식물도 동일한 방식으로 그 영양가를 확인한다. 우리는 귀납적 방법을 통해 일상을 위한 많은 지식을 얻는 것 같다.

베이컨은 과학 연구의 궁극적 목표가 사물과 현상의 근저에 숨어 있는 구조적 특성을, 즉 그 미시 구조적 속성을 발견하는 일이라고 주장한다. 소금이 물과 결합하면 그 빙점이 훨씬 낮아지기 때문에 소금을 뿌리면 눈과 얼음이 녹게 된다. 지혈과 멸균 효과가 있는 풀이나 연고는 상처를 빨리 낫게 한다. 우리는 귀납적 방법으로 이와 같은 미시 구조적 특성을 발견해 지식을 늘려 나간다. 한편 베이컨은 위에서 소개한 존재표·부재표·비교표를 이용한 그의 연구방법론으로 이미 17세기 초반에 '열熱이 일종의 운동'일 것이라고 주장한다. 현대 과학은 열이 분자들의 운동 또는 분자들이 가진 운동 에너지라고 밝히는데, 철학자인 베이컨이 순수한 논리적 작업을 통해 수백 년 전에 동일한 결론을 내렸다는 점이 놀랍기만 하다.

자연과학과 자연과학적 연구방법론은 베이컨이 제시한 귀납법과 그로부터 27년 후 뉴턴이 발표한 새로운 물리학으로 최고의 성공 가도를 달리게 된다. 그러나 18세기에 이르러 데이비드 흄은 베이컨의 귀납법과 자연과학의 법칙이 기반으로 하는 인과 관계의 합리성에 근본적인 회의를 제기한다. 다음 강의에서 그 내용을 살펴보겠다.

제21강
과학의 비합리성

우리 대부분은 일상에서 귀납적 방법으로 지식을 얻는다고 생각한다. 동일한 종류의 경험을 반복하다 보면 자연스럽게 그와 관련된 법칙을 알아내게 된다고 믿고 있다. 철학자들이 좋아하는 백조의 예를 통해 그런 지식 습득 과정을 한번 살펴보자. 나는 한국에서는 동물원에 가서 백조를 보았는데, 30여 년 전 미국에 와 보니 놀랍게도 호수와 하천에 백조들이 떼를 지어 노닐고 있었다. 이제 18세기의 홍길동이 북미 대륙에 처음 도착해 호수에서 노니는 하얗고 목이 긴 새를 보고는 '백조'라고 이름 붙였다고 상상해 보자. 그는 속으로 '백조는 희다'고 중얼거린다. 그리고 계속 여행하며 다른 백조들도 보면서 백조에 관해 다음과 같은 일반 법칙을 마음속에 품게 된다.

첫째 백조는 희다.
둘째 백조도 희다.
셋째 백조 역시 희다.
…
…
백만 번째 백조도 희다.

그러므로 모든 백조는 희다.

위처럼 동일한 종류의 개별 경험이 반복되다 보면 우리는 자연스레 일반 법칙을 도출해내곤 한다. 이것이 귀납법이다.

귀납적 방법론은 비록 우리의 상식과 일치하지만 철학적으로 검토해 보면 심각한 문제가 발견된다. 홍길동은, 과장을 조금 섞어, 백만 마리나 되는 많은 백조를 관찰해 보아도 모두 흰색이기 때문에 나름대로 '모든 백조는 희다.'라는 일반 법칙을 만들어낸다. 그러나 '모든 백조'는 현재 존재하고 있는 백조뿐만 아니라 과거 및 미래에 존재할 백조까지 모두 포함한다. 그래서 원칙적으로 무한한 수의 백조를 포함할 수 있다. 그렇다면 유한한 수의 관찰 경험으로부터 어떻게 무한한 수의 백조의 속성에 대해 단정적으로 법칙적 결론을 내릴 수 있는가? 그런 결론은 이치에 맞지 않다. 밑에서 더 상세히 논의하겠지만, 데이비드 흄은 이런 문제를 지적함으로써 과학의 합리성에 대해 근본적인 회의를 제기한다.

철학자들, 특히 논리학자들이 '모든 백조는 희다'라는 명제를 즐겨 사용하는 이유는 모두가 자연의 법칙이라고 생각했던 이 명제를 반박하는 결정적 증거가 실제로 나타났기 때문이다. 세계를 항해하던 영국인들이 뒤늦게 오스트레일리아 대륙을 발견하고 보니 그곳의 강과 호수에 검은 백조들이 있었다. 지금은 미국에도 동물원뿐 아니라 큰 빌딩 로비 같은 곳에 작은 연못을 만들어 놓고 검은 백조를 살게 해 많은 사람이 그 멋진 자태를 보며 감상할 수 있게 하기도 한다. 그래서 우리는 더 이상 '모든 백조는 희다'라는 명제가 옳다고 믿지 않는다. 그러나 처음 오스트레일리아에 상륙했던 사람들은 검은 백조들을 보고 꽤 놀랐던 것 같다. 한편 '백조白鳥'는 한자어로 '흰 새'라는 뜻인데, 'black swan'들 때문에 '검은 백조'라는 말이 새로 생겨야 함에 따라 한국어 번역어는 그 자체로 형용 모순이 되어 버린다. 검은 백조의 존재는 '모든 백조는 희다'와 같이 귀납법을 통해 도달한 일반 법칙이 단 하나의 반례(counter-example)에만 직면해도 단번에 반박될 수 있다는 점을 보여 준다.

'모든 경우'를 포괄해야 하는 일반 법칙은 유한할 수밖에 없는 관찰과 경험으로는 결코 완전하게 검증(verification)될 수 없다. 이것이 귀납법의 한계다. 이때 학생들이 다음과 같이 질문하곤 한다.

우리에게 가능한 유한한 데이터로는 논리적으로 무한한 데이터를 함축하는 일반 법칙을 완벽하게 정당화할 수는 없습니다. 그렇지만 데이터가 쌓여 갈수록 아무래도 그 법칙이 더 믿을만하게 된다고 보아야 하지 않을까요?

설득력 있는 좋은 질문이다. 그런데 20세기 오스트리아 출신 영국 철학자 칼 포퍼에 의해 이런 질문에 대한 뜻밖의 답변이 제시되었다.

그렇다면 그런 법칙은 몇 퍼센트 정도 정당화될까? 그 정당화의 정도, 즉 확증(confirmation)의 정도는,

(관찰 및 경험에 의해 확인된 데이터의 수 ÷ 법칙이 함축하는 데이터의 수) × 100%
= (유한수/무한수) × 100% = 0%!

포퍼의 논증은 우리가 아무리 관찰과 경험 자료를 쌓아 나가더라도 자연 세계의 일반 법칙은 전혀 정당화되지 못한 다는 점을 보여 준다. 귀납법이 갖는 어쩔 수 없는 한계다.

근대철학을 완성했다는 칸트가 '날카롭다'며 침이 마르 도록 칭송한 데이비드 흄은 이미 18세기에 과학적 연구의 합리성을 근본적으로 회의한다. 과학의 귀납법은 우리가 관 찰하고 있거나 과거에 관찰했다고 기억하는 것들로부터 일 반 법칙을 얻어내는 방법이다. 위의 예를 들자면, 우리는 백 조라는 새와 흰색 사이에 반복되는 패턴을 확인하고서는 '모 든 백조는 희다'와 같은 법칙을 결론으로 끌어낸다. 그러나 흄에 의하면 우리는 백조라는 물체와 그것의 흰 색깔 사이 에 어떤 필연적인 인과 관계가 있다는 것을 알 수 없다. 다시 말해 '어떤 것이 백조임'이 어떻게 원인(cause)이 되어 '그것의 흼'을 필연적으로 결과하는지를 확인할 길이 없다. 그런 필 연성이 경험적으로 발견된다면 '모든 백조는 희다'는 법칙 이 참이 되겠지만, 흄은 이런 확인이 불가능하다고 본다. 그 래서 그는 우리가 자연 현상에 대해 한정된 경험 자료로부터 일반 법칙적 결론을 내리는 과정을 합리화할 수 있는 길은 없다고 판단한다. 인과 관계에 대한 그의 논의는 다음과 같 은 그의 근본적인 회의론을 살펴보면 더 선명해진다.

성냥을 그으면 불이 붙고, 움직이는 당구공이 정지해 있는 당구공을 치면 (꽤 많은 경우) 첫째 공은 멈추고 둘째 것은 움직이게 된다. 우리는 이런 과정을 반복시킬 수 있다. 과학은 이런 사물 및 현상 사이에 존재하는 것으로 추정되는 어떤 기저의 인과 관계를 찾아내려 연구한다. 우리는 시간상 그리고 공간상 인접한 현상들이 단지 우연히 반복적으로 일어나는 것이 아니라 서로 밀접하게 연결되어 있다고 믿는다. 그래서 앞선 현상이 원인(cause)이 되어 필연적으로 뒤따르는 결과(effect)를 가져온다고 생각한다. 그리고 원인은 어떤 보이지 않는 힘을 가지고 있어서 그 힘이 결과를 만들어낸다고 믿는다. 그러나 흄은 이와 같은 상식이 모두 합리적인 근거를 결여하고 있다고 비판한다.

앞서 이야기한 움직이는 당구공 A와 정지해 있다가 그것에 부딪혀 움직이게 되는 당구공 B의 예는 원래 흄이 필연적인 인과 관계의 존재에 대한 우리의 믿음에 의문을 품게 하기 위해 제시한 것이다. 우리는 상식적으로 (1) A의 운동이 원인이 되어 B의 운동을 초래한다고 믿으며, (2) A의 운동과 B의 운동은 필연적으로 연결되어 있으며, (3) A는 B를 움직일 수 있는 힘을 가졌다고 생각한다. 우리가 지난 강의들에서 살펴보았듯이, 흄은 인간에게 가능한 두 종류의 지식의 영역을 관념들 사이의 관계(relations of ideas)와 사실의 문제(matters of fact)로 분류한다. 인과 관계에 관한 모든 믿음은 논리학이나 수학과 같은 관념들 사이의 관계에 관한 것이 아니다. 이것들은 모두 사실의 문제에 관한 것으로서 그 참·거짓은 감각 경험에 의해 검증되어야 한다. 그런데 과연 그런 검증이 가능할까? 불가능하다.

우리의 감각은 인과 관계의 존재 자체를 경험한 적이 없고, 원인과 결과로 특정되는 현상들 사이에 존재한다는 필연적인 연결성도 감각으로 확인할 수 없으며, 원인 안에 존재한다는 숨겨진 힘도 경험적으로 확인할 길이 없다. 이런 문제는 마음과 몸 사이에 존재한다는 인과 관계, 예를 들어 우리의 의지와 그 의지에 따라 생긴다고 믿어지는 손발의 움직임 사이의 관계에 주목하면 더 쉽게 이해된다. 내 마음속에 손을 올리려는 의지가 생기면 손이 올라간다. 우리는 이 두 현상 사이에 어떤 인과 관계가 존재한다고 감각적으로 경험한 적이 있는가? 없다. 그 두 현상 사이에서 필연적인 연결성의 존재를 확인해 보았는가? 확인할 수 없다. 의지가 가진 힘이란 도대체 무엇인가? 알 길이 없다.

흄은 필연적인 인과 관계에 관한 우리의 믿음은 결코 경험적으로 확립될 수 없다고 통찰한다. 그에 의하면 인과에 대한 우리의 확고한 신념은 성냥을 그을 때마다 불이 붙고, 움직이는 당구공 A가 정지해 있는 당구공 B를 칠 때마다 B가 움직이는 것과 같이 시공간에 인접해 있는 현상들이 규칙적으로 반복해 일어날 경우 우리는 앞의 현상을 보면 심리적으로 뒤의 현상이 뒤따르게 될 것으로 예측하고 기대하게 되는 것일 뿐이라고 한다. 우리는 앞의 것을 힘을 가진 원인으로, 그리고 뒤의 것을 결과로 보면서 마치 둘 사이에 어떤 필연적 연결 법칙이 있는 것으로 생각한다는 것이다. 흄은 감각으로 경험할 수 없는 이런 관계의 존재를 부정한다. 그러고는 상식적인 인과 관계를 단지 규칙성 또는 '시공에서 언제나 잇달아 함께 생겨나는 현상들'의 관계로 환원해 버린다. 이것이 바로 칸트가 '날카롭다'며 반복적으로 칭송한 논점들이다. 내가 알기로 오늘날까지도 흄의 비판을 성공적으로 반박한 철학 이론은 존재하지 않는다.

흄은 그의 명저 『인간 지성에 대한 탐구(An Enquiry concerning Human Understanding)』(1748)에서 다음과 같이 그의 논점을 정리한다. 철학적 논증은 명료하지만 그의 18세기 영어를 한국어로 번역해 보니 읽기가 쉽지 않았는데, 그래도 이 책에서 여기 한 곳에서만은 옛 철학자들이 얼마나 다른 스타일로 글을 쓰며 그들의 사상을 전개했는지를 엿볼 수 있도록 번역한 글을 그대로 올리기로 한다. 내용은 그대로 둔 채 다소 의역을 했고, 이해를 돕기 위해 대괄호([ ])를 사용해 설명을 첨가하기도 했다.

모든 사건들은 전적으로 느슨하게 떨어져 있어 보인다. 하나의 사건이 다른 사건에 이어 생긴다; 그러나 우리는 그것들 사이에 어떤 연결고리도 관찰할 수 없다.

우리는 사물 A에 이어 사물 B가 생기면 사물 A를 사물 B의 원인으로 정의할 수 있다. 여기서 사물 A와 유사한 모든 사물에도 사물 B와 유사한 사물들이 뒤따라 생긴다. 달리 말하자면, 첫째 사물이 없었다면, 둘째 사물도 존재하지 않았을 것이다…. 우리는… 원인을 달리 정의할 수도 있다. 사물 B가 뒤따르게 되는 사물 A, 사물 A가 나타나면 사물 B에 관한 생각이 나게 하는 사물 A를 [사물 B의] 원인이라고 부를 수 있다. 우리는 예를 들어 이 줄의 진동이 특정한 소리의 원인이라고 말한다. 그러나 이것은 무엇을 의미하는가? 그것은 이 소리가 이 진동에 뒤따라 생기며, 이와 유사한 소리가 이와 유사한 진동에 뒤따라 생긴다는 것을 의미한다. 또는 이 소리가 이 진동에 뒤따라 생기면, 진동이 생겨날 때 우리 마음이 그런 [소리와 관련된] 감각을 기대하게 되면서 즉시 [마음속에] 소리의 관념을 만들어내게 된다는 것을 의미한다. 우리는 원인과 결과 사이의 관계를 이 두 가지 가운데 어느 것으로도 생각할 수 있다; 그러나 우리는 이 둘을 넘어서는 [감각 경험을 초월한] 영역에 대해서는 아무런 관념도 가지고 있지 않다.

참으로 예리한 철학적 통찰이다. 나는 개인적으로 흄을 영어권에서 역사상 가장 위대한 철학자로 생각한다. 칸트는 우리가 흄처럼 경험주의적 입장에 서는 한 결코 그의 회의주의적 결론을 피할 수 없다고 인정하면서 인과 관계의 필연성을 확보하고자 다른 관점을 제시한다. 다음 강의에서 그 내용을 살펴보겠다.

제22강
과학의 합리성

17세기 초반 베이컨은 새로운 과학적 연구방법론으로 귀납법을 제시하고, 같은 세기 중반 뉴턴은 근대 물리학을 완성해 본격적으로 과학 혁명을 촉발시킨다. 뉴턴의 물리학은 당시까지 알려진 우주의 모든 운동을 완벽히 설명하고 예측했다. 그 놀라운 성공을 목도하고서도 과학의 학문성을 의심하는 사람은 없었다. 그런데 지난 강의에서 살펴보았듯이, 불과 한 세기도 지나지 않아 흄은 이런 과학적 연구방법론의 근간을 뒤흔드는 회의론을 제기해 철학자들을 충격에 빠뜨린다.

흄 이후 18세기 후반 칸트는 인과 관계에 대한 흄의 회의론을 극복하고자 새로운 형이상학과 인식론을 제시한다.

칸트에 의하면 인과 관계는 흄의 주장처럼 감각 경험에 의해 그 존재가 확인되어야 하는 것이 아니라 오히려 감각 경험 자체를 구성해 주는 선험적 개념(범주)이다. 인과의 개념 없이는 처음부터 경험 자체가 불가능하기 때문에 우리는 자연 세계에 대한 감각 경험의 존재를 통해 그 경험을 구성하는 필연적인 인과 법칙의 존재를 확인한다는 것이다. 이것이 칸트가 철학적으로 인과의 존재를 확보해 과학의 합리성을 회복하려는 시도였다. 그는 과연 성공했을까?

불을 피우면 연기가 난다.

흄은 불이 나고 연기가 생기는 두 사건이 서로 필연적으로 연결되어 있는 것이 아니고, 단지 우리가 불을 피운 다음 연기가 생겨나는 과정을 오랫동안 무수히 반복적으로 관찰해 왔기 때문에 불을 보면 연기가 날 것을 주관적으로 예상하게 될 뿐이라고 주장한다. 다시 말해 인과 관계란 반복되는 사건들의 패턴에 대한 주관적인 예측에 불과하다는 것이다. 그런데 칸트에 의하면 자연 세계에서 일어나는 모든 변화는 인과 법칙에 따라서만 일어난다. 그 이유는 우리가 선험적으로 가지고 있는 인과의 개념/범주를 통해서만 현상의 변화 자체를 구성해 인식하게 되기 때문이다. 칸트가 든 예를 통해 그의 논점을 더 살펴보자.

칸트는 우리가 집과 같은 물체(object)를 지각하는 방식은 배가 강의 상류에서 하류로 떠내려가는 것과 같은 사건(event)을 지각하는 방식과 다르다는 점을 강조한다. 우리는 어떤 집의 모양을 알아보기 위해 그 집을 밑의 기반부터 위의 지붕 쪽으로 관찰해 볼 수 있는데, 그 반대로 지붕부터 밑의 기반 쪽으로 살펴보아도 상관없다. 좌에서 우로, 또는 우에서 좌로 보아도 집의 모양은 동일하다. 고정된 물체에 관한 지각은 시간선상에서 일어나는 특정한 순서에 따를 이유가 없다.

그런데 강에서 (돛이나 동력이 없는) 배를 떠내려 보내는 경우는 상황이 전혀 다르다. 우리는 언제나 배가 상류에서 하류로 떠내려가는 것을 지각할 수 있을 뿐이고, 하류에서 상류로 거슬러 올라가는 현상을 경험할 수는 없다. 모든 사건, 즉 모든 변화와 운동에 관한 현상은 시간선상에서 반드시 고정된 방향으로만 지각된다. 불이 나면 연기가 생기는데, 그 반대로 연기가 생긴 후 불이 나는 방향으로 경험이 이루어지지는 않는다. 공은 땅으로 떨어지지만, 공이 땅에서 저절로 위로 솟아오르는 지각 경험은 불가능하다. 현상이 생겨나는 필연적인 순서를 만드는 법칙이 언제나 존재한다. 이런 법칙을 가능하게 하는 것이 우리에게 선험적으로 주어진 인과의 개념/범주이다.

칸트에 의하면 예를 들어 우리가 불을 피운 후 연기가 생겨나는 것을 볼 때마다 우리는 이 과정을 반드시 불이 연기를 만들어내는 인과의 과정으로 인식한다. 우리가 인과의 개념을 통해 경험을 구성하지 않는다면 사건, 즉 변화와 운동에 관한 경험이 처음부터 가능하지도 않다. 바꾸어 말하면, 우리에게 시간선상에서만 가능한 변화와 운동에 관한 경험이 존재한다는 것은 바로 우리가 그 경험을 인과의 개념/범주로 구성했다는 것을 말해 준다. 우리 모두가 선험적으로 인과의 개념을 가지고 있기 때문에 우리 경험 세계에서 이런 인과 과정의 존재는 필연적이고 또 (상호주관적이라는 의미에서) 객관적이다.

칸트는 위와 같은 논증으로 인과 관계에 대한 흄의 비판을 극복하려 시도한다. 그런데 흄의 논점은 비교적 단순하고 선명한 데 비해 칸트의 논증은, 그의 이론철학이 대체로 그렇듯이, 난해하고 직관적으로 선명하지 않다. 게다가 현대 소립자물리학의 세계에서는 입자들, 특히 양자 얽힘(quantum entanglement)의 관계에 있는 입자들 사이에서는 우리가 상식적으로 이해하는 인과의 법칙이 적용되지 않는 것으로 보이는 사례들이 알려져 왔다. 예를 들어 원인과 결과가 동시에 발생하거나, (해석에 논란의 여지가 있지만) 결과가 원인보다 먼저 생겨나는 현상도 보고되고 있다. 그래서 대부분의 철학자들은 객관적이고 필연적인 인과 법칙의 존재를 복원하려던 칸트의 시도가 성공적이지 못했다고 보며 결국 흄이 옳았을 것이라고 판단하고 있다.

한편 19세기 영국의 존 스튜어트 밀은 흄의 비판으로부터 과학적 연구방법론으로서의 귀납법을 방어하려 시도한다. 성냥을 그으면 불이 붙는데 과거에도 그랬고, 현재도 그렇다. 미국에서도 그렇고, 중국이나 러시아에서도 그렇다. 들어 올린 공을 놓으면 땅으로 떨어진다. 한국, 일본, 브라질, 남극 등 지구상 모든 곳에서 동일한 현상이 벌어진다. 자연의 조건이 변하지 않는 한 이런 현상은 미래에도 그대로 일어날 것이다. 그 이유는, 밀에 의하면, 바로 '자연의 획일성(the uniformity of nature)' 때문이다. 자연은 언제 어디서나 '획일적으로' 동일한 조건이 주어진다면 동일한 원인으로부터 동일한 결과를 만들어낸다. 그래서 특정 자연과학 실험실에서 진행된 연구는 동일한 조건만 갖추어진다면 언제 어디서나 똑같이 재생시킬 수 있다. 그래서 귀납법이 제대로 작동하는 것이다. 밀은 이와 같은 자연의 획일성을 도입해 흄의 공격으로부터 귀납법을 구해내려 한다.

밀의 시도는 일견 성공적이다. 한국에서 불이 잘 붙는 성냥은 미국 내 기후가 비슷한 곳에서도 불이 잘 붙을 것이다. 공을 떨어뜨릴 경우도 마찬가지다. 우리는 은연중 이처럼 자연이 언제 어디서나 그 안의 법칙을 획일적으로 균일하게 작동시킨다고 믿는 것 같다. 그러나 이런 믿음에는 심각한 철학적 문제가 숨어 있다. 엄밀히 말해 밀이 제시하는 자연의 획일성은 만인이 동의할 수 있는 확고한 원리가 아니다. 실제로 자연의 획일성은 우리가 일상을 살고 과학 연구를 진행하며 그런 연구를 정당화하기 위해 믿고 싶어 하는 형이상학적 가설에 불과하다. 그래서 날카로운 통찰력을 가진 데이비드 흄 같은 철학자는 이런 가설을 신뢰할 수 없다며 귀납법을 기반으로 진행되는 과학적 연구의 합리성을 반박하고 나선 것이다.

그런데 뜻밖에도 밀은 자연의 획일성에 대한 관념이 선험적으로 주어지는 것이 아니라 그 관념 자체도 경험에 근거하고 있다고 주장한다. 그는 귀납법을 정당화하기 위해 필요한 자연의 획일성을 철저히 영국 경험론 전통 아래서 확립하려 시도한다. 밀에 의하면 자연의 획일성 가설이 옳다는 점도 귀납적으로 확립되기 때문에 자연의 획일성 가설은 귀납적 과정을 경험주의적으로 정당화해 준다. 예를 들어 그의 논점을 설명해 보겠다.

미국에서 성냥을 그으면 불이 붙는데, 자연은 획일하다는 가

정하에 러시아에서도 성냥을 그어 보았더니 역시 불이 붙었다. 중국에서도 그랬고, 이집트에서도 그랬다. 공을 떨어뜨리는 경우도 마찬가지였다. 공은 언제 어디서나 땅으로 떨어졌다. 이와 같이 자연의 획일성 가설은 지금까지 지구상 모든 곳에서 언제나 옳다고 확인되었다. 그러므로 자연의 획일성은 옳다.

위의 논점을 요약하자면 다음과 같다.

귀납법은 지금까지 작동했기 때문에 미래에도 작동할 것이다.

귀납법은 자연의 획일성 덕분에 작동한다. 자연의 획일성은 우리의 경험에 의해 귀납적 방식으로 확증된다.

이쯤 되면 학생들이 어리둥절하다는 표정을 짓기 시작한다.

밀의 논증을 따라가다 보니 논리적으로 문제가 있는 것 같습니다. 자연의 획일성이 귀납법을 작동하게 하고, 귀납법이 자연의 획일성을 보장해 준다면, 이것은 순환논법의 오류가 아닙니까?

학생들의 비판이 옳다. 밀은 영국 경험론의 전통 아래에서 귀납법을 정당화하기 위해 자연의 획일성을 경험주의적으로 접근하다 보니 어쩔 수 없이 그런 오류를 범하게 된것 같다. 다른 철학자라면 논리적 오류를 피하기 위해 자연의 획일성을 선험적인 가설로 받아들였을 것이지만, 밀은 이런 타협을 거부한다. 혹자는 밀의 입장에 동정적일 수도 있겠다. 그러나 우리는 귀납법을 정당화하기 위한 밀의 논증이 논리적으로 오류를 범하고 있기 때문에 그가 과학적 연구방법론으로서의 귀납법의 합리성에 회의를 제기한 흄의 비판을 성공적으로 극복했다고 평가해 줄 수는 없다. 결국 칸트도, 밀도 흄의 공격으로부터 과학의 합리성을 제대로 방어하지 못했다고 보아야 할 것 같다.

비록 논리적으로 매끄럽지는 못했지만 그래도 밀은 그의 자연의 획일성 가설을 자연 법칙의 단순성에 관한 설득력 있는 주장으로까지 발전시킨다. 그에 의하면 과학적 연구는 언제나 더 단순하고, 더 포괄적인 일반 법칙에 도달하려고 시도하는 작업이다. '자연의 법칙이란 무엇인가?'라는 질문은 실제로 '자연의 전체 질서를 도출해낼 수 있는 가장 적은 수로 된 가장 단순한 가정들은 무엇인가?'로 이해되어야 한다. 우주에 존재하는 모든 법칙들을 논리적으로 추론해낼 수 있는 가장 적은 수의 일반 법칙들은 무엇인가? 후대의 아인슈타인Albert Einstein은 마치 밀이 제기한 이 물음에 긍정적으로 화답하듯이 단 하나의 방정식(equation)만으로 우주의 모든 변화와 운동을 설명하고자 시도한다. 실제로 그런 방정식을 완성해 발표하기도 한다.

　마지막 두 강의에서는 과학의 속성과 과학의 성장에 관한 20세기 철학자들의 견해를 소개하겠다.

제23강
추측과 반박

과학적 지식을 발견하는 새로운 방법으로 제시된 귀납법은 흄에 의해 그 합리성이 회복될 수 없을 정도로 훼손되었다. 칸트와 밀도 인과 관계의 필연성을 되살리고 귀납법을 확립하여 과학의 합리성을 회복시키는 데 성공하지 못했다. 그렇다면 우리가 목도해 온 과학의 놀라운 업적과 과학적 지식의 성장은 일종의 신화나 환상에 불과한 것인가? 오늘날 대학 안에 있는 수많은 분과과학의 존재는 어떻게 설명해야 하는가? 귀납법이 미덥지 못하다면 귀납법을 바탕으로 하는 과학이 어떻게 그토록 성공적일 수 있는가? 철학자들은 존재할 이유가 없는 문제를 자의로 만들어 놓고 고민하는 어리석음을 반복한다고 비판받곤 한다. 20세기 오스트리아 출신 영국 철학자 칼 포퍼는 이런 어리석음을 타파하는 방식으로 귀납의 문제를 해결한다. 그에 의하면 귀납은 과학의 연구 방법이 아니기 때문에 귀납법의 문제는 실은 처음부터 존재하지도 않는다.

귀납법이란 다수의 개별 관찰 사례로부터 이론을 구성하는 일반 법칙에 도달하는 연구방법론이다. 예를 들어 수많은 백조를 하나씩 관찰한 다음 '모든 백조는 희다'와 같은 일반 법칙을 도출해낸다. 귀납법은 선천적 지식이나 선험적 개념의 존재를 인정하지 않는 경험주의 전통 아래에서 발전되었다. 경험론은 지식의 근원을 순수한 감각적 경험으로 삼으며, 귀납법은 이런 경험으로부터 나온 관찰 데이터로부터 과학을 구성하는 일반 법칙이 발견된다는 주장이다. 그래서 이 방법론은 이론을 형성하는 법칙의 토대인 관찰 사례들이 어떤 특정 이론도 포함하지 않은 순수한 자료들이라는 전제를 가지고 있다. 그런데 포퍼는 순수한 감각적 경험이나 관찰 데이터는 존재하지 않는다고 일갈한다.

자, 여러분. 관찰해보시오(Observe)!

나는 내 학생들에게 포퍼가 그의 학생들에게 한 똑같은 질문을 던진다. 학생들은 어리둥절해한다. 무엇을 관찰하라는 것인지 모르기 때문이다. 그래서 나는 다시 질문한다.

"현재 여러분의 시야에 들어와 있는 내용을 말해 보자."
"교수님과 교수님 뒤의 화이트보드를 보고 있습니다."
"교수님 상의의 두 번째 단추가 보입니다."
"강의하시는 교수님의 모습을 봅니다."
...

시선이 향하는 각도가 조금씩 다르기는 하지만 그래도 시야에 들어오는 상은 대체로 동일할 텐데, 학생들의 지각 내용이 이처럼 다르다. 각자가 가지고 있는 관심과 관점이 다르면 그 지각 내용도 다르기 때문이다. 이 점을 과학의 맥락에서 설명하고자 나는 천동설과 지동설을 예로 든다.

15세기까지 천동설을 믿던 유럽인들은 해가 하늘을 가로지르는 것을 보며 '역시 지구를 중심으로 태양이 도는구나.'라고 관찰했다. 코페르니쿠스 이후 지동설을 믿게 된 사람들은 동일한 현상을 '역시 태양을 중심으로 지구가 돌기 때문에 태양이 하늘을 가로질러 가는 것처럼 보이는구나.'라는 관찰 내용을 갖는다. 이와 같이 배경 지식에 따라 동일한 천문 현상이 정반대의 관찰 데이터로 해석된다.

포퍼를 비롯한 과학철학자들은 과학의 분과에서 중요한 관찰 내용은 모두 근본적으로 이론에 함유되어 있다(theory-impregnated, theory-laden, theory-tainted)고 판단한다.

포퍼는 한 걸음 더 나아가 우리의 감각기관 자체도 이론적 배경을 가지고 존재한다고 해석한다. 우리 눈의 구조가 종래의 카메라의 구조와 동일하다는 점을 상기하면 이 점을 쉽게 이해할 수 있다. 카메라는 원래 눈의 구조를 바탕으로 설계되었다는데, 광학을 포함해 많은 물리학 이론이 투입되어 만들어진 카메라와 눈의 구조가 일치한다는 사실만으로도 우리 눈이 얼마나 많은 이론적 배경을 지니고 기능하는가를 실감하게 된다. 게다가 망막에서 형성된 전기 신호가 신경 체계를 따라 올라가 뇌에서 해석되기까지 또 얼마나 많은 이론적 과정을 거칠까를 고려해 보면 모든 감각 경험이 헤아리기 어려울 정도로 많은 이론적 배경에서만 가능하다는 점을 깨달을 수 있다.

순수한 감각 경험이나 이론으로부터 자유로운 관찰이 불가능하기 때문에 그런 경험과 관찰을 바탕으로 해야 성립하는 귀납법은 처음부터 존재하지도 않는다. 그런데 포퍼는 이것이 아무 문제가 되지 않는다고 본다. 왜냐하면 그에 의하면 과학은 귀납이 아니라 논리-연역적 체계이기 때문이다. 대부분의 현대 철학자와 달리 포퍼는 인간의 근본적으로 형이상학적인 성향이 우리의 과학을 가능하게 만드는 원동력이라고 주장한다. 우리는 경험을 정리하고 설명하기 위해 언제나 가설을 세운다. 남녀노소를 불문하고 사람들은 새로운 사물에 접할 때마다 선천적으로 주어진 형이상학적 상상력을 발휘해 이런저런 추측(conjectures)을 하며 이론(가설)을 만들어 설명하려 시도한다. 예를 들어 뉴턴의 중력 법칙은 원래 그가 사물의 운동을 설명하기 위해 가설로 제시한 것이었다.

> 만물은 지구의 중심을 향해 떨어진다.
> … 가설 – 연역 논리에서의 대전제
> 공을 머리 위로 들어 올렸다가 놓는다.
> … 초기 조건 – 소전제
>
> ---
>
> 공이 지구의 중심을 향해 떨어진다.
> … 설명 또는 예측되는 자연 현상 – 결론

이것이 포퍼가 말한 과학의 논리-연역적 체계이고, 오늘날 자연과학자들 대부분은 자신들의 연구가 이런 방식으로 진행된다고 생각한다.

위와 같은 방법론으로 연구가 진행되다가 가설(의 체계,

즉 이론)이 반박(refutation)되는 경우를 살펴보면 과학이 과연 어떤 방식으로 변화하고 성장하는가를 엿볼 수 있다. 전에 사용했던 천문학의 예를 다시 들어 보겠다.

> 행성의 궤도는 원이다. … 아리스토텔레스가 주장한 법칙
> 금성은 행성이다.

> 그러므로 금성의 궤도는 원이다.

논리-연역적 연구방법론에 의하면 '행성의 궤도는 원'이라는 아리스토텔레스의 형이상학을 기반으로 하는 가설로부터 '금성의 궤도는 원'이라는 결론이 나온다. 이 결론은 관측으로 검증해 보아야 하는데, 금성의 궤도는 원이 아니라는 점이 밝혀진다. 그런데 이 문제는 근본적으로 '행성의 궤도는 원이다'라는 가설이 잘못되었기 때문에 비롯된다. 따라서 우리는 이 가설을 반박하여 폐기하고 새로운 가설을 도입하여야 한다. 근대 이후 케플러는 '행성의 궤도는 타원이다'라는 새로운 가설을 제시한다.

> 행성의 궤도는 타원이다.
> 금성은 행성이다.

그러므로 금성의 궤도는 타원이다.

천문학자들의 관측에 의하면 이 결론이 옳다. 그래서 우리는 '행성의 궤도는 타원이다'는 가설을 일단 받아들이게 된다. 그리고 다른 행성들의 궤도도 타원이라는 점이 관찰 결과로 모두 확증된다면 이 가설은 우리 시대가 받아들이는 이론으로 정립된다. 이것이 포퍼가 제시하는 과학의 연구방법론이다. 과학은 귀납이 아니라 논리-연역의 체계이고, 추측과 반박의 과정을 통해 발전한다.

포퍼는 과학과 과학이 아닌 것을 구분하는 기준은 검증 가능성(verifiability)이 아니라 반증 가능성(falsifiability)이라고 강력히 선언한다. 일견 우리 상식과 반대로 느껴지는 주장이지만 나는 포퍼가 옳다고 생각한다. 그는 점성술, 아들러의 정신분석학, 그리고 마르크시즘을 사이비과학(pseudo-science)이라고 비판하면서 이것들은 모두 언제나 검증되지만 결코 반증될 수 없기 때문에 과학이 아니라고 논증한다. 이 가운데 점성술을 대표로 들어 그 비과학성을 검토해 보겠다.

서양에서는 잘 알려진 고대 그리스의 왕 이야기가 있다. 이 왕은 신탁(oracle)으로 유명한 델피라는 곳에 가서 그곳 신전의 사제들에게 그가 페르시아와 전쟁을 하면 누가 승리하겠느냐고 물어보았다. 델피의 사제들은 '강한 자가 승리하리라!'라는 신탁을 전해 주었다. 기뻐한 왕은 곧장 그의 군대와 함께 페르시아로 원정을 나갔다가 비참하게 패하고 돌아왔다. 화가 잔뜩 난 왕은 델피로 달려가 사제들에게 신탁이 틀렸다고 따졌다. 그러나 사제들은 신탁은 언제나 옳다고 답변했다. 그 '강한 자'는 당신이 아니라 페르시아의 왕이었다면서. 그런데 만약 이 그리스의 왕이 승리했다면 사제들은 '그대가 바로 그 강한 자였으니 당연히 승리했도다!'라면서 성공 보수를 요구했을지도 모른다. 점성술사들은 예언이 다양하게 해석되도록 고의로 모호하면서도 애매한 표현을 쓰기 때문에 그 예측은 언제나 옳다고 검증되며 결코 반증될 수 없다. 그래서 점성술은 과학이 아니고 엉터리다.

포퍼가 과학 이론의 모범 사례로 든 아인슈타인의 물리학은 당시로선 너무도 새로운 내용을 포함하고 있어서 관찰에 의해 옳다고 검증될 가능성이 거의 없어 보였다. 즉 반증될 가능성이 극히 높았다. 그의 가설에 의하면 빛이 태양과 같이 거대한 질량을 가진 물체 옆을 지나갈 때는 중력에 의해 그 진행 경로가 태양 쪽으로 휘어져야 했다. 아인슈타인은 만약 실제 관찰 결과 빛이 휘어지지 않는다면 그의 가설은 잘못된 것이니까 스스로 그의 가설을 포기하겠다고 공언한다. 그런데 평소 대낮에는 햇빛 때문에 보이지 않던 두 별을 일식이 진행될 때 관찰해보니 그 별들이 이미 알려진 위치보다 서로 더 멀리 떨어져 있는 것으로 관측되었다. 이 현상은 두 별에서 나온 빛이 태양의 중력 때문에 휘게 되어 빛이 직진하는 것처럼 관찰할 수밖에 없는 우리에게는 서로 더 멀리 떨어져 있는 것으로 보이게 되었기 때문에 생긴 것이다.

과학계는 위의 관측을 통해 반증 가능성이 극도로 높았던 아인슈타인의 가설을 비로소 옳은 것으로 인정하게 되었고, 그의 이론은 우리 시대의 물리학으로 자리 잡게 되었다. 미래의 언젠가 결정적인 반박 증거가 나온다면 그의 이론도 폐기되고, 새로운 이론으로 교체되어야 하겠지만, 최소한 그때까지는 우리의 물리학 이론으로 기능할 것이다. 이와 같이 과학은 추측(가설)을 제시해 연역적으로 결론을 도출한 후 그 결론을 실험 및 관찰 결과를 통해 비판적으로 검토하는 작업이다. 그 결론이 실험 및 관찰 결과와 어긋나지 않는다면 그것이 미래에 새로운 실험과 관찰로 반박되고 반증될 때까지는 일단 쓸모 있는 이론으로 살아남게 된다. 분명한 것은 과학 이론이 결코 확고부동한 불변의 체계가 아니라는 점이다. 이론의 과학성은 그것의 검증 가능성이 아니라 반증 가능성에 의해 보장된다. 반박되어 폐기될 수 있는 무상無常한 가설의 체계가 과학 이론이다.

제24강
과학 혁명

포퍼는 과학이 귀납법을 사용하지 않는 논리-연역적 연구 작업의 체계라는 통찰로 과학적 합리성의 불씨를 되살린다. 과학은 형이상학적 추측으로 가설을 제시하고, 그것으로부터 결론을 도출하여 비판적으로 검토한다. 결론이 관찰 및 실험 결과와 일치하지 않으면 그 결론을 도출해낸 가설이 잘못된 것으로 반박되며, 그런 가설이 모여 이루어진 기존의 이론도 반증되는 것으로 판단해야 한다. 그러면 과학자들은 실험과 관찰 결과를 제대로 설명하는 새로운 가설의 체계를 제시하게 된다. 과학은 이런 과정을 반복하며 발전하고, 과학적 지식은 객관적 진리에 점점 더 접근하게 된다. 포퍼는 과학이 이성을 가진 인간의 합리적인 연구 작업이고, 과학적 지식은 실재와 일치하는 방향으로 나아간다고 확고히 믿는다.

포퍼의 견해는 여러모로 우리의 상식과 많이 일치하지만, 20세기 중후반부터 그의 주장에 반대하는 과학철학자들이 대거 등장한다. 뒤앙Pierre Duhem과 콰인Willard Quine은 소위 '뒤앙-콰인 논제'를 통해 관찰이나 실험 결과가 기존의 이론을 반박하여 폐기시키기 어렵다고 논한다. 과학의 어느 분야를 막론하고 과학 이론은 여러 가설과 실험 및 관찰과 관련된 수많은 보조 가설로 이루어져 있다. 가설에 대한 다양한 해석이 가능하고, 또 연구 절차와 복잡한 실험 기구와 관련된 가설도 헤아릴 수 없이 많다. 그래서 어떤 실험 또는 관찰 결과가 기존 이론의 예측과 어긋나는 경우에 그 복잡한 가설과 보조 가설 가운데 어느 것이 반박되어야 하는지 특정하기가 거의 불가능하다는 것이다. 그리고 이론은 언제나 새로운 보조 가설을 도입해 기존의 가설을 보완하여 잠정적인 반박 증거로부터 스스로를 방어하려는 관성력을 가지기 마련이다. 과학 이론의 이런 특성을 보여 주는 예는 얼마든지 있다.

중세 천문학자　천체인 달은 완전한 구球여서 그 표면은 완벽하게 매끄럽다.

갈릴레이	내가 새로 개량한 망원경으로 관측해 보니, 달의 표면은 반반하기는커녕 곰보투성이고, 산과 골이 있다.
중세 천문학자	당신의 망원경이 제대로 작동한다고 어떻게 믿을 수 있는가?
갈릴레이	그 망원경으로 지구 표면의 다른 물체를 볼 때 아무 문제가 없다. 달도 마찬가지다.
중세 천문학자	당신이 망원경의 렌즈 위에 달 표면에 산과 골이 있는 듯 보이는 그림을 붙여 놓고 사람들에게 보여 주며 속이고 있는 것이 아닌가?
갈릴레이	와서 직접 보시라. 그런 그림 같은 거 없다.
중세 천문학자	달은 눈에 보이지 않는 미묘한 기체인 에테르로 덮여 있다. 그 에테르층의 표면은 매끄러워 완전한 구를 이룬다. 그래서 종래의 천문학이 맞다.
갈릴레이	(기가 막힌 갈릴레이가 하는 수 없이 비아냥거리게 되는데) 만약 에테르가 존재한다면, 그 에테르층이 산과 골에 동일한 두께로 쌓여 있어서 달의 표면에는 여전히 에테르층의 산과 골이 있을 수 있다. 그것이 아니라고 어

떻게 장담할 수 있는가?

중세 천문학자　당신 같은 거짓말쟁이의 말은 믿을 수 없다.

갈릴레이는 이런 피곤한 논쟁 과정을 거치다가 결국 종교재판에 회부되어 처형 직전까지 갔고, 그의 천문학은 금지된다. 결국 근대과학은 갈릴레이의 고향 이탈리아에서 결실을 맺지 못하고 교황의 힘이 미치지 못했던 영국에서 뉴턴에 의해 완성된다.

과학(철학)자들은 포퍼의 생각처럼 한두 가지 반박 증거에 의해 이론이 반증되기는 불가능하다는 뒤앙-콰인 논제에 대체로 동의한다(포퍼도 나중에 이 점을 기꺼이 받아들인다). 기존 이론이 반박되어 폐기되고, 새로운 과학 이론이 등장하기까지는 수많은 복잡한 사건이 일어나는 과정을 거치게 된다. 이 과정에 대한 가장 중요한 연구가 20세기 중후반에 활동한 미국 철학자 토마스 쿤Thomas S. Kuhn의 저서 『과학 혁명의 구조(The Structure of Scientific Revolution)』(1962)다.

쿤에 의하면 하나의 주요 과학 이론이 다른 이론으로 교체되는 과학 혁명(scientific revolution)은 대단히 드물게만 일어나고, 역사상 대부분의 기간은 정상 과학(normal science)의 시기이다. 예를 들어 기원후 2세기에 활동한 프톨레마이오스 Ptolemaeus의 천동설은 서양 중세 천여 년을 지배한 정상 과학으로 십여 세기 동안 그 기본 전제들이 변하지 않았다. 천문학자들은 지구가 우주의 중심이고 태양이 지구의 주위를 돈다는 가설 아래서 천문 현상을 관찰하고, 설명하며, 또 예측했다. 천체의 복잡한 운동을 설명하기 위해 새로운 수학적 방법이 고안되었고 주전원(epicycle) 같은 보조 가설들이 도입되었다. 흥미롭게도 (분명히 오류인) 천동설을 바탕으로 연구했어도 천문학자들은 일식과 월식 등의 천문 현상을 성공적으로 예측했다. 그래서 그 오랜 세월 동안 천동설의 기본 전제, 즉 지구가 우주의 중심이고, 천체가 지구의 주위를 돈다는 가설이 도전받지 않았다. 쿤은 이렇게 어떤 과학 이론의 주된 가설과 표준적인 연구 방법을 통틀어 '패러다임 paradigm'이라고 불렀다. 요즈음 우리가 흔히 쓰는 '패러다임'이라는 말은 원래 쿤의 과학철학에서 기원한다.

그런데 망원경이 발명되어 천문학자들이 천체들의 움직임을 더 정교하게 관찰하게 되면서 천동설의 전제하에서는 설명하기 어려운 수많은 불규칙적 현상(anomaly)이 발견되기 시작한다. 그럼에도 불구하고 학자들은 계속 더 많은 복잡한 수학적 장치와 새로운 보조 가설들을 도입해 가며 어렵게나마 이런 현상들을 설명해내곤 한다. 그러나 불규칙적 천문 현상은 쉬지 않고 점점 더 쌓여 갔고, 천동설 아래 작동하던 천문학은 위기에 처하게 된다. 그럼에도 불구하고 천문학자들은 선택할 수 있는 다른 패러다임이 없었기 때문에 천동설을 포기할 수 없었다.

16세기에 이르러 코페르니쿠스가 교회로부터의 박해를 우려해 사후에 발표하게 할 수밖에 없었던 그의 지동설은 문자 그대로 천지天地를 뒤바꾸어 놓으려는 혁명적 가설이었다. 그에 의하면 지구는 우주의 중심이 아닐 뿐 아니라 태양의 주위를 도는 단지 작은 행성에 불과했다. 이것은 종교적으로 진지했던 당시 사람들에게는 받아들일 수 없을 정도로 대단히 충격적인 내용이었을 것이다. 게다가 지동설도 초기에는 여전히 주전원 같은 보조 가설들을 가지고 천문 현상을 설명했으며, 전반적으로 볼 때 초기 지동설이 천동설보다 설명력이 나은 것도 없었다. 그리고 그때는 우주선을 타고 지구 밖으로 나가 지구가 도는 것을 확인할 수도 없는 노릇이었다. 그렇지만 과학자들은 결국 천동설을 버리고 지동설을 선택하는 과학 혁명을 수행한다. 이토록 극적인 변화가 어떻게 가능했을까?

놀랍게도 쿤에 의하면 그것은 이성적이거나 합리적인 과정을 통해 진행되지 않았다. 지동설은 천동설보다 수학적으로 단순했다. 그리고 지동설은 여러 천문 현상을 설명하는 데 있어서 그 법칙들이 서로 더 일관성(consistency) 있게 연결되어 이론의 전체적인 정합성(coherence)도 우수했다. 그런데 이런 이론적 단순성과 일관성, 그리고 정합성은 지동설이 이론적으로 얼마나 산뜻하고 또 우리가 그 이론을 얼마나 잘 활용할 수 있는가의 문제이지, 천문 현상에 대한 전체적인 설명력과 예측력에 관한 것은 아니다. 말하자면 지동설의 예를 통해 엿본 우리의 과학 이론 선택의 기준은 주로 실용주의(pragmatism)와 미학적 고려(aesthetic consideration)이다. 우리는 이런 기준을 학문적 차원에서 합리적이라고 보아 주기 어렵다. 그러나 과학사 연구자였던 쿤은 우리에게 이것이 역사적 사실이라고 보고한다. 그래서 결국 포퍼가 20세기 초반에 겨우 확보한 과학의 합리성은 20세기 중반 쿤의 연구에 의해 다시금 도전받게 되었다.

역사상 대부분의 기간은 정상 과학의 시대이고, 과학 혁명은 오직 불규칙한 현상들이 출몰하여 정상 과학의 패러다임에 위기가 생기고, 또 경쟁 패러다임이 존재할 때만 일어난다. 그런데 위에서 살펴보았듯이 패러다임 선택의 기준은 그다지 객관적이지도, 또 합리적이지도 않다. 그렇다면 새로이 교체된 이론이 그 이전의 이론보다 모든 면에서 더 우수하여 우리를 진리에 더 가까이 다가가게 해 준다고 볼 수 있을까? 우리는 상식적으로 새 이론이 그렇다고 생각한다. 그러나 동시에 이론 선택의 기준으로서의 미학과 실용주의가 그런 것을 가능하게 만든다고 생각하지도 않는다. 그렇다면 이 질문에 어떻게 답해야 옳을까? 과학은 과연 진보하는가?

　자신을 소박한 실재론자라고 당당하게 밝힌 포퍼는 과학이 발전하며 과학적 지식이 객관적으로 성장한다고 확신한다. 그는 우리가 상식으로 믿는 바와 같이 하나의 세계가 실제로 존재하며, 문제가 있던 이전 이론을 교체한 새 과학 이론은 전의 것보다 더 설명력 있고, 더 정확히 예측하며, 또 이론적으로도 더 일관적이고 정합적이라고 굳게 믿는다. 그리고 새 이론이 제시하는 결론들은 실재 세계를 더 올바로 반영하는 참된 내용들로 되어 있을 것이라고 주장한다. 이와 같은 포퍼의 주장이 옳다면, 과학은 합리적인 연구 작업이고, 과학적 지식은 객관적으로 성장해 가고 있을 것이다. 그러나 쿤은 이런 견해에 근본적인 회의를 제기한다.

　쿤은 두 개의 패러다임을 비교할 수 있는 객관적이고, 합리적인 기준은 존재하지 않는다고 주장한다. 뉴턴의 역학과 아인슈타인의 상대성 이론을 예로 들어 보자. 두 패러다임 모두 질량과 시간 및 공간의 개념을 사용한다. 쿤은 비록 두 이론이 같은 단어들을 사용하고 있지만 실은 그 단어들이 같은 물리량을 가리키지는 않는다고 통찰한다. 뉴턴의 질량과 에너지와 상호 교환되는 아인슈타인의 질량이 같은 질량일 수는 없기 때문이다. 그리고 뉴턴에 있어서는 시간과 공간이 절대적인데, 상대성 이론에서는 관찰자의 속도에 따라 시간이 더 빠르거나 느리게 관측될 수 있고, 또 중력에 의해 공간이 휘어지기도 한다.

쿤의 말대로 두 이론이 다루는 질량과 시간 및 공간 등이 서로 다른 물리적 대상들이라면 그것들을 바탕으로 이 두 이론의 우열을 가릴 기준을 찾을 수는 없겠다. 그래서 나중에 나온 이론이 그 이전의 것보다 실재 세계를 더 바르게 보여 주는 진보한 이론이라고 판단할 근거를 찾을 수 없게 된다. 이런 측면들에서 볼 때 20세기 중후반부터는 과학의 객관성과 합리성이 다시금 도전받고 있다.

지금까지 서양철학개론 24개 강의의 내용을 정리해 보았다. 그런데 실제 가르치고 있는 강의는 28개로 이루어져 있다. '나(자아)'의 문제에 관한 강의 4개가 더 포함되기 때문이다. 이 강의들을 책에서 소개하지 않은 이유가 있다. 나는 지난 몇 해 동안 국내에 발표한 불교철학 관련 저술을 통해 이 주제에 관해 서양의 논의보다 깊고 풍부한 불교의 견해를 여러 차례 소개하며 검토해 왔다. 그래서 굳이 이 책에서까지 자아와 관련된 서양철학의 논의를 소개할 필요를 느끼지 못했다.

나는 몇 해 전 발표한 『미네소타주립대학 불교철학 강의』로 철학자로서 국내 독자들께 첫선을 보였다. 서양철학 전공자인 내가 미국에서 영어로 된 책을 읽으며 독학한 불교철학에 대한 이해를 오랜 역사와 깊은 전통을 지닌 한국 불교계에서 검토받고 싶어서였다. 그 이후 불교계의 좋은 인연들이 내 공부를 많이 도와주셨다. 그런데 이제는 나도 도움만 받을 때가 지난 것 같다고 느끼게 되었다. 그동안 서양철학 연구와 강의 경험으로 준비된 저술도 발표해서 서양철학에 관심을 가진 국내 교양인들의 공부에도 도움이 될 수 있어야 한다고 생각했다. 이것이 이 책, 『미네소타주립대학 서양철학 강의』를 쓰게 된 주된 동기다.

동양철학과 서양철학 관련 저술을 각각 따로 출판하게 되다 보니 본의 아니게 내가 동양철학과 서양철학을 별개의 독립된 분야로 생각한다는 인상을 주게 된 것 같다. 실상은 그 반대다. 나는 동서양철학의 벽을 허물어야 할 뿐만 아니라 철학 안의 여러 분과도 서로 문을 더 활짝 열고 소통해야 한다고 믿는다. 물론 말을 근사하게 하기는 쉽지만 실천은 전혀 다른 문제다. 다만 내가 앞으로 연구와 저술을 진행하려는 방향이 그렇다는 말씀을 전하고 싶을 따름이다. 이 책을 끝까지 읽어 주셔서 감사드린다.

미네소타주립대학
서양철학 강의
생각의 근육을 키우는 서양철학 첫걸음 24강

ⓒ 홍창성, 2024

2024년 10월 11일 초판 1쇄 발행

지은이 홍창성
발행인 박상근(至弘) • 편집인 류지호 • 편집이사 양동민
책임편집 김재호 • 편집 양민호, 김소영, 최호승, 하다해, 정유리
디자인 쿠담디자인 • 제작 김명환 • 마케팅 김대현, 이선호 • 관리 윤정안
콘텐츠국 유권준, 김대우, 김희준
펴낸 곳 불광출판사 (03169) 서울시 종로구 사직로10길 17 인왕빌딩 301호
　　　대표전화 02) 420-3200 편집부 02) 420-3300 팩시밀리 02) 420-3400
　　　출판등록 제300-2009-130호(1979. 10. 10.)

ISBN 979-11-7261-085-2 (03160)

값 18,000원